全国职业培训推荐教材
人力资源和社会保障部教材办公室评审通过
适合于职业技能短期培训使用

制鞋工基本技能

（第二版）

吴蕴珊　主编

中国劳动社会保障出版社

图书在版编目(CIP)数据

制鞋工基本技能/吴蕴珊主编. —2 版. —北京：中国劳动社会保障出版社，2013

职业技能短期培训教材

ISBN 978-7-5167-0525-4

Ⅰ. ①制… Ⅱ. ①吴… Ⅲ. ①制鞋-技术培训-教材 Ⅳ. ①TS943.6

中国版本图书馆 CIP 数据核字(2013)第 206263 号

中国劳动社会保障出版社出版发行

（北京市惠新东街1号 邮政编码：100029）

出版人：张梦欣

*

北京市艺辉印刷有限公司印刷装订 新华书店经销

850毫米×1168毫米 32开本 5.625印张 138千字

2013年8月第2版 2024年10月第4次印刷

定价：10.00元

营销中心电话：400-606-6496

出版社网址：http://www.class.com.cn

前言

职业技能培训是提高劳动者知识与技能水平、增强劳动者就业能力的有效措施。职业技能短期培训，能够在短期内使受培训者掌握一门技能，达到上岗要求，顺利实现就业。

为了适应开展职业技能短期培训的需要，促进短期培训向规范化发展，提高培训质量，中国劳动社会保障出版社组织编写了职业技能短期培训系列教材，涉及二产和三产百余种职业（工种）。在组织编写教材的过程中，以相应职业（工种）的国家职业标准和岗位要求为依据，并力求使教材具有以下特点：

短。教材适合 15～30 天的短期培训，在较短的时间内，让受培训者掌握一种技能，从而实现就业。

薄。教材厚度薄，字数一般在 10 万字左右。教材中只讲述必要的知识和技能，不详细介绍有关的理论，避免多而全，强调有用和实用，从而将最有效的技能传授给受培训者。

易。内容通俗，图文并茂，容易学习和掌握。教材以技能操作和技能培养为主线，用图文相结合的方式，通过实例，一步步地介绍各项操作技能，便于学习、理解和对照操作。

这套教材适合于各级各类职业学校、职业培训机构在开展职业技能短期培训时使用。欢迎职业学校、培训机构和读者对教材中存在的不足之处提出宝贵意见和建议。

人力资源和社会保障部教材办公室

简介

本书首先阐述了制鞋工应掌握的基础知识，包括鞋的分类、鞋的基本结构部件与名称、制鞋工艺、常用制鞋材料；然后介绍了裁断工段、制帮工段、成型工段三大工段的生产设备操作、工艺流程、设备操作、作业管理和质量管理，并讲述了运动鞋、马丁靴、凉鞋、女靴等典型鞋款的成型工艺实例。

本书从生产实际出发，结合丰富的图片来介绍制鞋工的操作技能，便于初学者学习使用。

本书由吴蕴珊主编，桑建华、张丽钦、邹险峰、郗会英、赵楠、饶晖帆参编。

目录

第一章　鞋类产品简介

随着科技的飞速发展，经济活动的日益繁荣，人们生活水平不断提高，生活质量越来越高，人们对鞋子的要求也就越来越高。时尚的款式与健康的功能成为更多消费者关注的焦点。

制鞋工业是一个劳动密集型产业，具有投资少、见效快、生产规模和生产方式灵活多变的特点。我国依靠丰富的原材料，抓住机遇，迅速发展制鞋工业，已成为全球的鞋业中心。世界上很多知名的制鞋企业都在中国设立了工厂。这就需要大批从事鞋子生产的技术工人。

第一节　鞋类产品分类

鞋类产品有不同的分类方法。例如，按用途可以分为民用鞋、军用鞋、运动鞋等；按工艺方法可以分为线缝鞋、胶黏鞋、模压鞋等；按鞋跟结构可分为平跟鞋、中跟鞋、高跟鞋等；按款式可以分为筒靴、高腰鞋、低腰鞋、透空鞋、拖鞋等；按季节可以分为凉鞋、满帮鞋、棉鞋等；按材料可以分为布面鞋、皮面鞋、胶面鞋等。下面详细介绍前两种分类。

一、按用途分类

1. 民用鞋

人们日常穿用的鞋统称为民用鞋，即男鞋、女鞋、童鞋；鞋面通风的称为凉鞋；面与里双层的称为夹鞋，又称满帮鞋；鞋腔内絮有保暖里子的称为棉鞋或棉靴（见图1—1）。

2. 军用鞋

军用鞋是指各军种、兵种的军官、士兵以及武装警察和公安干警穿用的、由国家发放的皮鞋。如飞行靴（见图1—2）、潜艇鞋、坦克靴、边防滑雪靴以及消防、交通民警靴等。

图1—1 女棉靴

图1—2 飞行靴

3. 运动鞋

运动鞋（见图1—3）是指在健身或竞技体育运动时所穿的鞋。按其性能分为大众运动鞋、专业训练鞋、专业运动鞋等；按运动的类别分为球类运动鞋、跑步类运动鞋、滑行类运动鞋、野外运动鞋、水上运动鞋、特种运动鞋等；按运动场地分为户外行走及跑步的训练鞋、小型球场专用鞋、大型球场专用鞋、田径专用鞋、冰雪运动鞋等。

图1—3 运动鞋

4. 劳保鞋

劳保鞋（见图1—4）是指从事生产建设、科研勘探等公务劳动时穿用的工作鞋，或劳动保护鞋。如铁路与汽车司机鞋、护士鞋、纺织女工鞋、防砸鞋、防油鞋、防刺鞋、防腐蚀鞋、防辐射鞋，地质考察鞋、宇航鞋等。

5. 文艺鞋

文艺鞋是指供文艺界演员演出时穿用的鞋。如舞蹈鞋（见图1—5）。

图1—4　劳保鞋

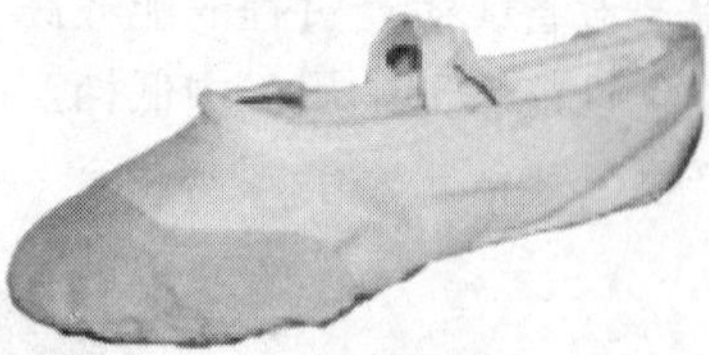

图1—5　舞蹈鞋

二、按工艺方法分类

1. 线缝鞋

线缝鞋采用线缝的方法将鞋帮与鞋底结合，如图1—6所示。根据缝制方法的不同，线缝鞋可分为透缝鞋、缝压条鞋、缝沿条鞋、翻绱鞋等。

2. 胶黏鞋

胶黏鞋（见图1—7）使用胶黏剂将鞋帮和鞋底粘在一起。胶黏鞋的外底多数是成型外底，容易变换花色品种，成品鞋轻巧美观，而且加工工艺简单，劳动强度低，易于实现大规模的工业化生产。

图1—6　线缝鞋

图1—7　胶黏鞋

3．模压鞋

模压鞋（见图1—8）是根据橡胶的热硫化性能，在底模中加入未硫化的混炼胶，通过高温、高压使橡胶硫化，同时实现帮底结合。模压工艺过程简捷，加工速度快；但需要大型专用生产设备，生产过程的能耗高、污染大，产品的成型稳定性和卫生性能较差，属于中低档产品，多用于劳保鞋和军用鞋的生产。

图1—8　模压鞋

4．硫化鞋

硫化鞋（见图1—9）的生产工艺与模压鞋的生产工艺有相似之处，但在加工过程中不使用底模，而是将未硫化的胶底与帮套结合，然后送入硫化罐，通过热压作用，使胶料硫化成型，并实现帮底的牢固结合。与模压工艺相比，硫化工艺更简便，生产效率更高，但产品的成型性和卫生性能差，属于低档产品。

5．注压鞋

注压鞋（见图1—10）是利用塑料、橡塑并用材料和某些橡胶的热流动性，将这类底料采用注射的方法注入底模，在底料成型的同时，实现帮底结合。

图1—9　硫化鞋

图1—10　注压鞋

第二节　鞋的基本结构与部件

从整体结构上讲，鞋都是由帮部件和底部件两大部分组成的，但具体到每一类鞋又各不相同。下面以市场占有率较高的皮鞋和运动鞋为例，来说明鞋的主要结构及部件。

一、皮鞋的结构与部件

1．皮鞋的结构

皮鞋主要由鞋帮、鞋底、鞋跟和辅件四大部分组成。鞋帮包括帮面、帮里、衬料等；鞋底包括内底、半内底、中底和外底等，而它们是由各种零部件组合装配而成的。

在皮鞋生产企业中，习惯上将皮鞋的部件按照其所在的部位进行划分，因而产生了各种部位部件，如前帮部件、后帮部件、底部件等。

按照工艺操作规程和技术要求，将各种零件组合成部件的过程称为部件装配过程；将各种部件组合成最终产品的过程称为总装过程。

一个产品的完整技术资料，除生产用的裁断刀模、楦体和原辅材料的样品外，主要包括设计技术资料和工艺技术资料。设计技术资料主要包括产品的实物照片或彩色立体效果图、帮部件图、里部件图、底部件图、鞋跟部件图、部件组合图、全套生产样板（包括扩缩后的样板）及设计思想等；工艺技术资料主要包括部件组合过程图、工艺流程图和工艺说明书（涉及各加工工序的操作规程、所使用的机器设备和工具、技术要点和质量检验标准等内容）。

2. 皮鞋的部位

制鞋工艺理论中将相对于脚的上、下、前、后、左、右的不同位置称为鞋或鞋楦的部位。皮鞋的部位主要包括第一跖趾部位、第五跖趾部位、腰窝部位、踵心部位、踝上部位、腿肚部位、里外踝部位等。

3. 皮鞋的部件

皮鞋的部件是由零件组合装配而成的，有的零件本身就是部件。零部件的名称是由其形状（如鞋耳、鞋舌等）、所处的部位（如前帮、后帮等）、所起的作用（如保险皮等）或所用的材料和性质（如松紧布）等所决定的。皮鞋的部件主要包括鞋帮、鞋底和鞋跟。各主要零部件在成鞋中所处的位置如图 1—11 所示。

(1) 鞋帮。除鞋底部件和鞋跟部件之外的其余部分称为鞋帮。鞋帮主要由帮面、帮里、衬件和辅件等组成。根据其所处的部位或功能，鞋帮零部件主要有前帮、中帮、后中帮、后帮、帮里部件、衬件和辅件等。

1）前帮是指包裹在脚背前部的部件。由于皮鞋款式不同，前帮部件的名称也是多种多样，如前帮盖、前帮围、包头、横条皮、鞋舌、鞋耳、前条皮等。

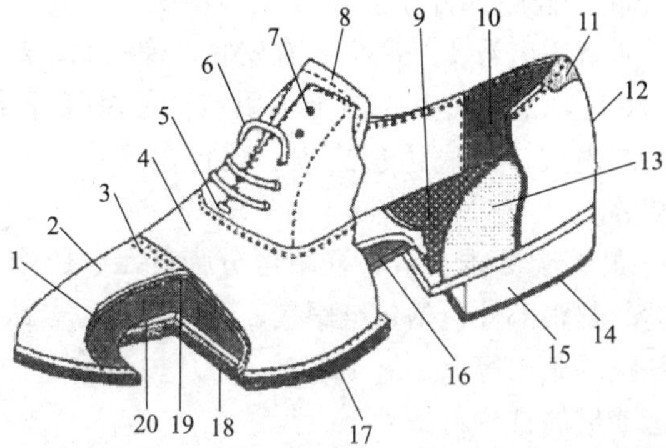

图 1—11　鞋的零部件

1—内包头　2—包头　3—缝帮线　4—中帮　5—锁口线　6—鞋带　7—鞋眼
8—鞋舌　9—后跟垫　10—后跟里　11—保险皮　12—后帮　13—主跟
14—鞋跟面皮　15—鞋跟　16—勾心　17—外底
18—内底　19—前帮里　20—鞋垫

2）中帮是指前帮小趾端点以后，后帮以前的部件。

3）后中帮是指鞋耳与外包跟之间的部件，主要用于耳式鞋。

4）后帮是指包裹在脚跟部位的部件，包括外包跟、保险皮、提带皮等。

5）帮里部件。帮里部件主要包括条带式帮里、整帮里、前帮布里、后帮皮里、鞋垫、后跟垫、鞋舌里、护耳皮、护口皮、靴筒里等。从鞋的卫生性能、穿用舒适性能及美观等要求来看，帮里部件应具有吸湿、耐磨、耐曲折等性能，有一定的支撑作用，且外露部位美观。

6）衬件主要是指夹在帮面和帮里之间的，起支撑、定型和保护作用的部件，如主跟、内包头、合缝衬布等。

7）辅件主要包括鞋带皮、鞋钎皮、沿口皮、编织件、穿条编花皮、装饰件、嵌线皮和毛口等。

（2）鞋底。鞋底部件主要由外底、内底、半内底、中底等零件组成。从材质上看，外底主要有皮底、橡胶底、塑料底、橡塑底和 PU 底五类。中底主要用于军用鞋、劳保鞋等重型鞋靴。鞋底部件还有内底、内底边包边皮、统包内底皮、半内底、前掌、前插掌等。

（3）鞋跟。从材质上看，鞋跟可分为皮跟、胶跟、木跟和塑料跟四类。鞋跟部件包括包鞋跟皮、鞋跟里皮、鞋跟面皮、插鞋跟皮和鞋跟围条皮等。

二、运动鞋的结构与部件

运动鞋的外观结构与皮鞋基本相同，但内部结构有较大差异。从部件的名称上既有相同的称呼，也有不同的规定。运动鞋主要由底部件、帮面部件两大部分构成。

（1）底部件。底部件由外底、中底、内底组成。中底是运动鞋功能设计的重点部件，对一些具有特殊功能的运动鞋来讲，中底还可以由其他多个部件构成。

（2）帮面部件。帮面分为外帮与里帮，帮面部件还可以由前帮、中帮、后帮组成，构成帮面部件的还有鞋眼片、鞋带、鞋舌、装饰件等。

下面以热硫化粘贴法运动鞋和冷粘法运动鞋为例，说明运动鞋的主要构成部件。同时以冷粘法运动鞋为例说明各个部件的作用。

1. 热硫化粘贴法布面运动鞋的主要构成部件

热硫化粘贴法生产的运动鞋是我国 20 世纪 80 年代以前的主要运动鞋品种，多见于篮球鞋、羽毛球鞋、中长跑类跑步鞋等。但是，产品档次相对较低、附加值不高，难以满足专业运动鞋特殊性能的要求，比较适合大众化健身运动的需要。热硫化粘贴法布面运动鞋的主要构成部件如图 1—12 所示。

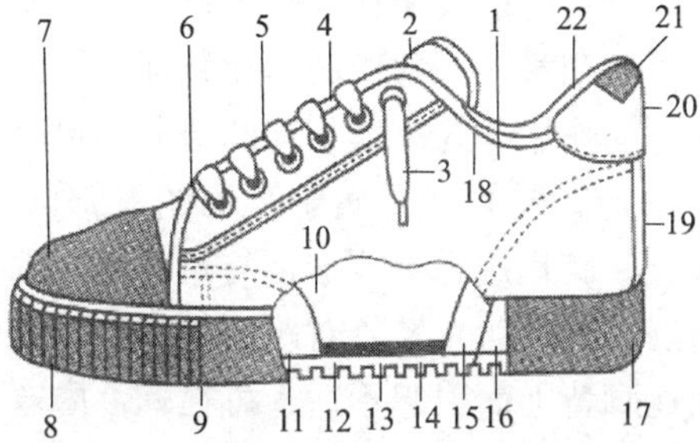

图 1—12　热硫化粘贴法布面运动鞋的主要构成部件

1—鞋帮　2—鞋舌　3—鞋带　4—包边　5—鞋眼　6—鞋眼片　7—外包头　8—大埂子　9—前外包　10—内里布　11—护趾布　12—内底布　13—海绵内底　14—橡胶外底　15—内后跟　16—后跟内围条　17—后跟外围条　18—鞋舌内里　19—后帮中缝　20—后口皮（眉片）　21—滚口海绵　22—统口衬

2．冷粘法皮革面运动鞋的主要构成部件

冷粘法皮革面运动鞋的主要构成部件如图 1—13 所示。

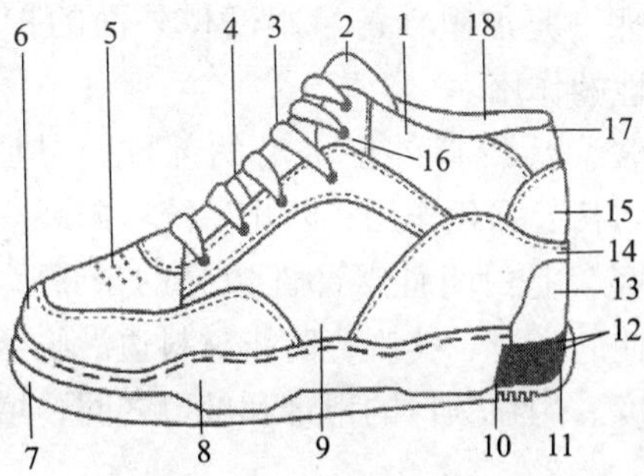

图 1—13　冷粘法皮革面运动鞋的主要构成部件

1—鞋帮　2—鞋舌　3—鞋带　4—鞋眼衬　5—透气孔　6—外包头　7—大底（挡泥板）　8—围墙　9—帮面补强件　10—大底止滑花纹　11—中底　12—内底　13—后跟护套　14—外后跟　15—后跟补强件　16—后眼片　17—后统口　18—统口里布

3. 运动鞋主要部件的作用

运动鞋企业有自己的关于运动鞋部件的专业术语。为了方便学习和使用，下面列举一些常用的运动鞋部件的专业术语，介绍运动鞋主要部件的作用。与皮鞋相同的部分不再介绍。

（1）鞋舌。运动鞋的鞋舌属于鞋面的一部分，是鞋帮脚背部位的舌形部分。其作用是调节鞋帮与跗面之间的松紧关系；提供跗面良好的舒适性；防止鞋带对跗面的割勒。为了避免鞋带的压力过度施加在脚背上而引起不适，可在鞋舌内塞入海绵。该部位也是品牌商标的贴放处。为了穿鞋方便，也可在鞋舌上设计一些手指能穿过的孔洞，穿鞋时可用手指钩住这些孔洞，以免鞋舌滑入跗面两侧或被踩入鞋腔中。

（2）鞋头护墙。减缓磨耗、挡泥，起保护作用。

（3）鞋眼衬。是加固鞋眼的衬垫部件，能增加鞋眼片强度，防止在系带时用力过大而引起眼片撕裂和鞋眼脱落。

（4）护趾布。是加固鞋帮跖趾部位的衬布，属于鞋帮里部件的补强部件。

（5）外后跟。是加固鞋帮后跟部位外面的护盖部件，具有增加后跟稳定性的作用。

（6）后口皮。后统口外层上沿的部件，习惯称其为眉片。后口皮对后跟结帮起强化作用，防止后统口撕裂。

（7）沿口条。是封闭鞋帮部件边缘的条带，将鞋帮的边沿毛边包裹住，使之光滑、美观，防止材料边沿脱落，增强部件边沿的抗撕裂强度。用在领口的帮带和翻口之间，增加领口的护脚性能。

（8）外后跟条。是加固鞋帮外层后跟合缝的条带。

（9）内后跟带。是加固鞋帮里层后跟合缝的条带。

（10）包跟布。是包裹后跟的布层。

（11）腕口皮。沿着鞋口部位，使用泡棉类的轻质发泡材料，填塞在帮里与帮面之间，其作用是给踝关节附近提供较舒适的穿着感受。

（12）衬强腰带。是鞋帮硬部的带形补强部件，一般设计在腰窝部位。

（13）防水布。是粘接在硫化运动鞋统口或开口处，起防水作用的胶布部件。

（14）防沙布。是连接前后帮，或附加在鞋口上防止沙土进入鞋内的部件。球鞋使用较多。

（15）鞋舌衬垫。是鞋舌里层或夹层的衬垫部件，具有良好的柔软性和保护性。

（16）后跟衬垫。是鞋帮后跟部位里面的衬垫部件，起定型、增强后跟部位的帮面强度、稳定性、矫正控制翻转等作用。

（17）统口衬垫。是靴、鞋统口的衬垫部件。

（18）松紧布。是能伸长又能复原的夹胶丝织物。松紧布能自动调节帮面的伏脚性，代替鞋带，控制统口的大小，使得穿脱方便。

（19）鞋眼。是用以穿鞋带或通气的孔眼部件。鞋眼能够固定鞋带及其位置，具有一定的装饰性。

（20）鞋眼片。是沿鞋眼孔所缝接的补强片。鞋眼片能够防止鞋眼脱落、增强该部分帮面的抗拉强度。

（21）D 字形鞋环。把鞋眼孔改成 D 字形环圈，可提高系鞋带速度，丰富帮面视觉效果。

（22）后跟套。通常是用热可塑性材料制成，沿着脚跟部位，从内侧绕经后侧再绕至外侧。其作用是支撑稳定整个后跟部位。

（23）鞋卡。用以卡住鞋带带状部件的卡子，与鞋眼作用相同。

（24）鞋扣。用以扣住鞋帮的搭扣。

（25）标志。是载有商标图案、文字或其他标志的部件或图形。

（26）鞋底。是外底、中底、内底的总称。包括压延底、模压底、微孔底和复合底。

1）压延底。用压延机压延出型胶片，再切割成大底的形状。

2）模压底。用模具将橡胶硫化或将塑料加热塑型制成的外底。

3）微孔底。是利用发泡性能材料而制成的鞋底。在成型时使材料的分子之间产生气泡，以降低材料的相对密度。

4）复合底。用两种或两种以上不同性能材料贴合而成的鞋底。

（27）楔形插底。是插在复合底中层，增加底后跟部位厚度的楔形部件。

（28）中底。在内底与外底中间的底。中底是运动鞋中最为重要的部分，其作用是增强运动鞋的减震性、稳定性和弯曲性。

（29）中插。是中底的一部分，插在中底的某个部位。

（30）楔形中插。为了强化中插的减震效果，在后跟部位加上的一块楔形的减震材料。

（31）小衬底。是填平帮脚和黏合外底与内底的部件。

（32）内底。是与脚底接触的底，置于中底或中插之上。

（33）内底布（革）。是在内底上所贴的布（革）。

（34）海绵内底：是具有海绵状的弹性内底，常见于硫化运动鞋。

（35）外包头。贴附在脚趾部位鞋帮表面的护盖部件。

（36）内头皮。贴附在脚趾部位鞋帮里面或夹层的补强、支撑、定型部件。

第三节　制鞋工艺概述

一、制鞋工艺的构成

制鞋工艺在生产中是一种比较复杂的工艺技术。制鞋工艺技术涉及领域极广，融合了化学、物理、机械、电子、美工、艺术等不同的学科领域。例如，制鞋工艺中采用理化方法制底——浇塑法、搪塑法、液体成型法，各类聚酯底制作利用，热焊和高频焊接技术的应用，以及各种预涂剂、固化剂、合剂的研究和发现等都导致设备的改进，促成新型材料的创制，促进新工艺、新产品的不断产生。

制鞋工艺分制帮工艺、帮底合成（总装）工艺和工艺设计三部分。

1. 制帮工艺

制帮工艺是将原材料按设计样板和要求，裁剪成鞋帮所需要的各种零部件，再经过技术加工，处理整型，由零散部件装配成一个整体鞋帮的全过程。所以，制帮工艺可分为裁断和部件整形装配两部分。

2. 帮底合成工艺

帮底合成工艺是根据工艺规程、技术标准的要求，通过各种科学技术加工及辅助材料的作用，把完整的鞋帮与底部件和辅件组合成成品鞋的过程。它包含底料加工工艺和帮底组合装配工艺两部分。

3. 工艺设计

鞋的品种繁多，不同品种都有各自不同的内在与外观的质量要求，特殊品种的鞋又有特殊性能的要求。一双鞋的完美程度在于它的总体设计，即总体结构造型与工艺设计。而工艺设计是总体结构造型设计实现的保证。鞋不是鉴赏品，而是人们广泛穿用的生活必需品，多为厂家批量生产，所以，不仅设计人员要懂得工艺设计，而且鞋厂的生产组织者和工程技术人员也需要掌握工艺流程的设计和工程文件的制定。工艺设计是制帮工艺与帮底合成工艺的有机结合，是将设计付诸生产实践的过程和保证。

二、制鞋工艺流程

由于设备状况和人员技术等方面的限制，各制鞋企业在实际生产中所采用的工艺流程可能略有差异。下面用图片的方式对胶黏鞋的制作工艺流程进行说明。其他鞋的制作工艺流程将在具体的章节进行详细叙述。

1. 鞋面加工组合流程

（1）领料。领取鞋的面料以及配件材料。

（2）裁断。利用刀模及裁断机将材料裁切出一只鞋的鞋面所有部位，如图1—14所示。

（3）品检配色。检查皮面是否有瑕疵或缺角，并将一只鞋的鞋面的各部位颜色配均匀，贴对号标签，如图1—15所示。

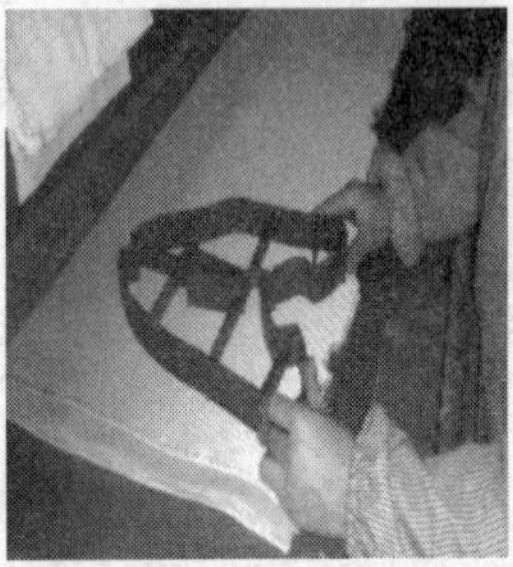

图1—14　裁断

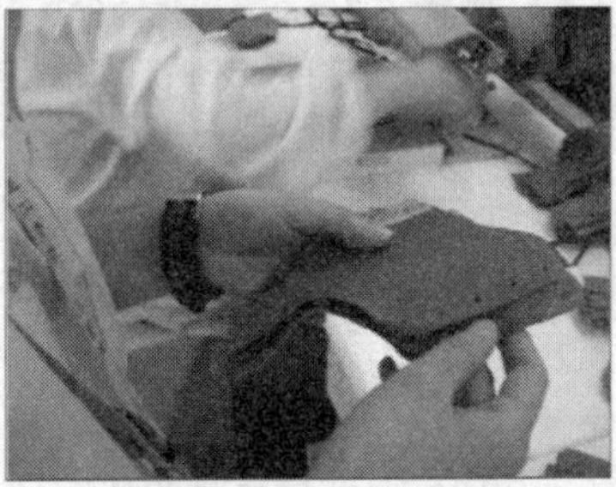

图1—15　品检配色

（4）印刷商标货号。依据订单要求，对于裁好的鞋面，印刷商标货号，如图1—16所示。

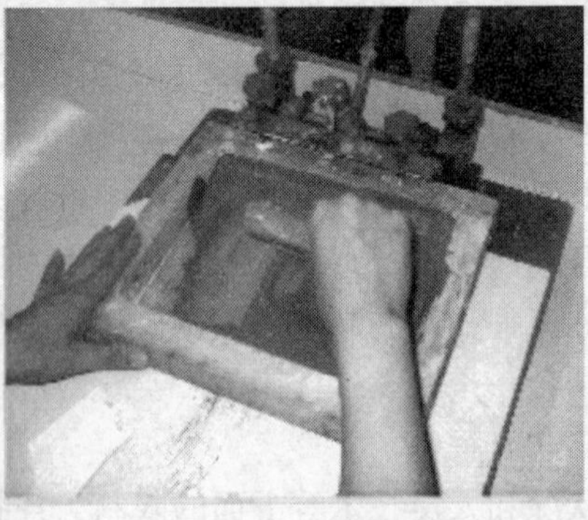

图1—16　印刷商标货号

（5）片边。属于皮料有两层厚度重叠车合处或皮料折边位置，均须将皮面局部削薄，以利针车作业品质及穿着舒适度，如图 1—17 所示。

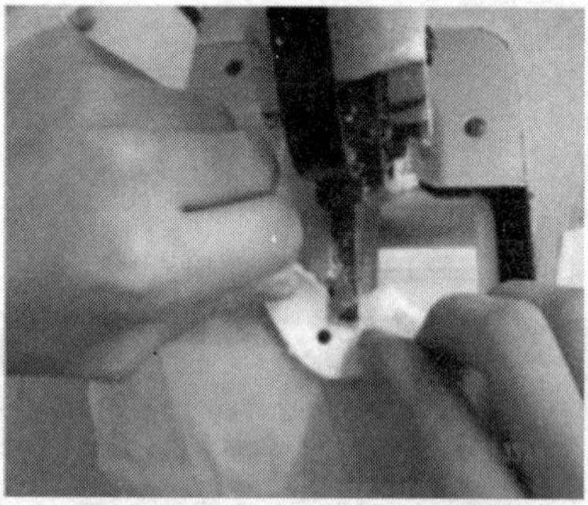

图 1—17　机器片边

（6）组合帮部件。将经过裁断、印刷商标货号、片边的各帮部件，利用针车及配合手工作业，将鞋面一片片组合完整，如图 1—18 所示。

a)　　b)　　c)

图 1—18　针车组合

a）手工粘鞋舌　b）针车车缝帮套　c）钉装鞋眼

（7）鞋面检查。鞋面经针车完成，必须把车缝线头修剪烘烧干净，检查鞋面针车质量是否良好，以便进行后面的帮底成型，如图 1—19 所示。

2. 胶粘法帮底组合

（1）钉中底。将中底与楦底先钉合一起，如图 1—20 所示。

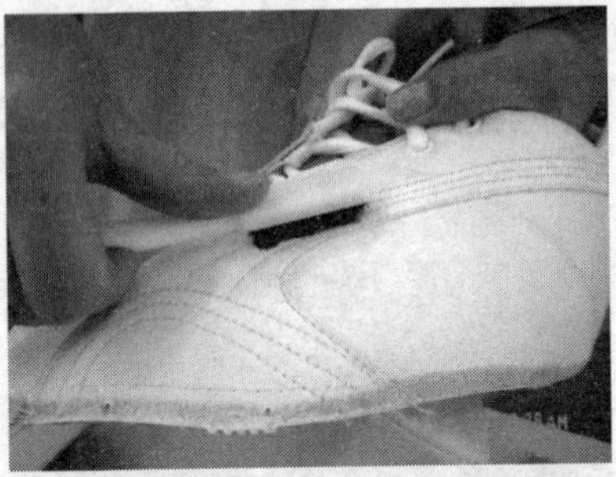

图 1—19　鞋面检查

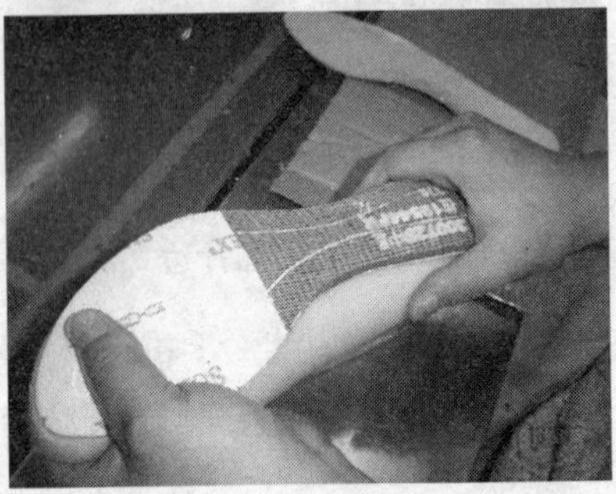

图 1—20　钉中底

（2）绷前帮。将放好主跟及内包头的帮套，套在楦体上，利用前帮机拉帮成型，如图 1—21 所示。

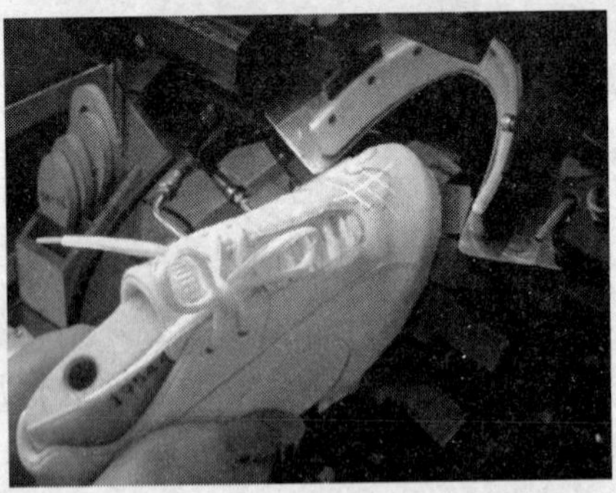

图 1—21　绷前帮

（3）绷腰窝及后帮。内底及帮脚刷胶，利用后帮机将鞋面帮脚与内底粘着固定，并将中底钉拔除，如图 1—22 所示。

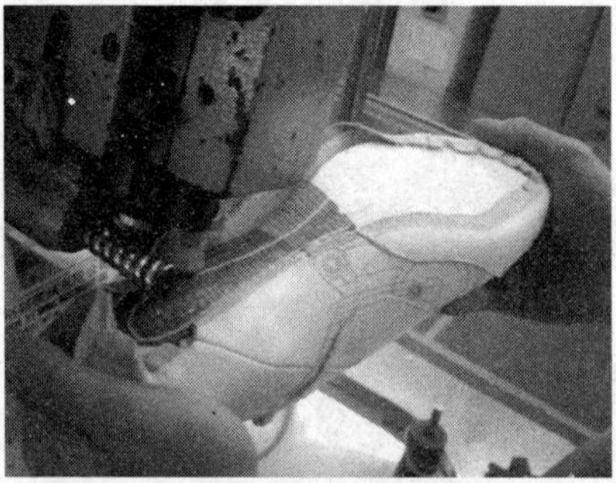

图 1—22　绷腰窝及后帮

（4）帮脚/大底起绒、刷处理水。帮脚与大底黏合处，需先砂磨起绒，然后根据鞋面、大底材料进行药水处理，如图 1—23 所示。

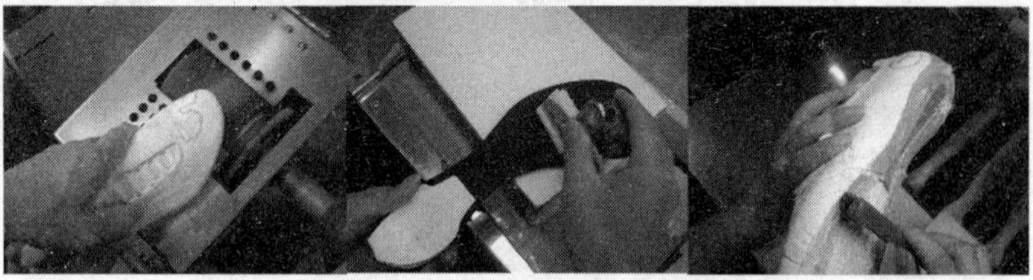

图 1—23　起绒、刷处理水

（5）刷胶、烘干。帮脚/大底经药水处理后，分别刷胶，放进烘箱烘干，如图 1—24 所示。

（6）合底。将帮脚和大底从烘箱中取出来，必须在 30 ~ 35 秒之内完成贴合，先贴合鞋头中心位置，再贴外、内腰部位及后跟，如图 1—25 所示。

（7）压合。在压合机上装好相应的压底模，设定适当的压力和压合时间，如图 1—26 所示。

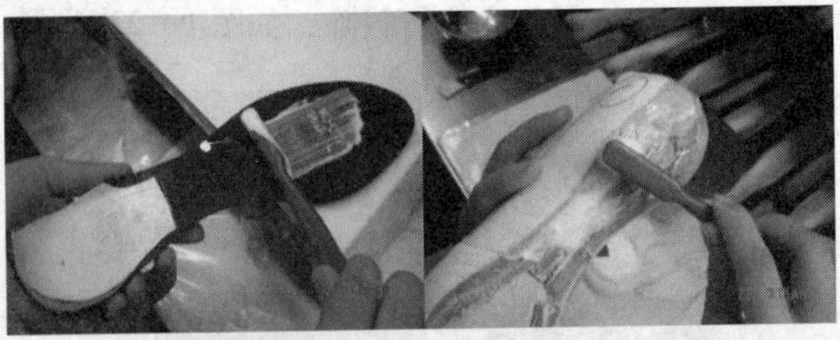

图 1—24　刷胶

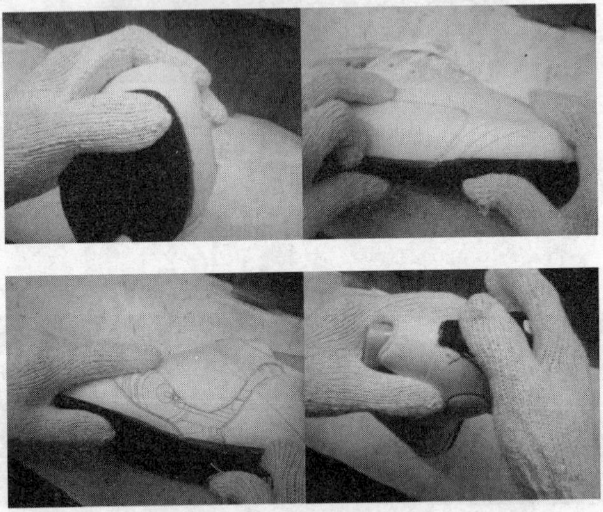

图 1—25　合底

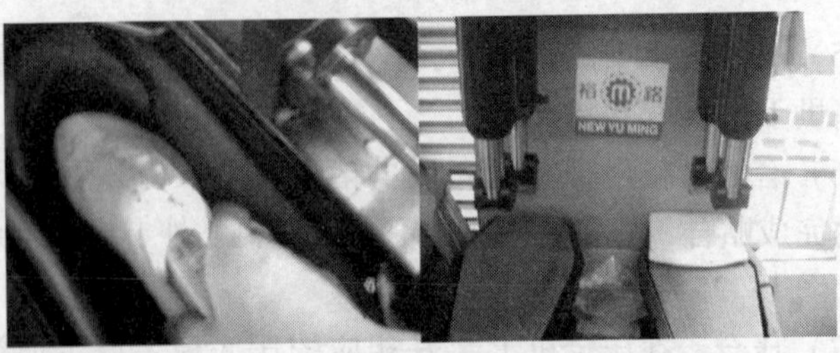

图 1—26　压合

（8）出楦。解松鞋带，在出楦机上脱楦，如图 1—27 所示。

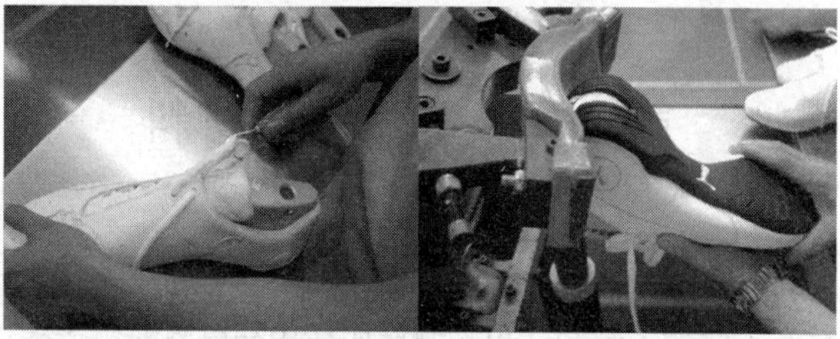

图 1—27　出楦

第二章　常用制鞋材料

材料是构成鞋的物质基础，要进入制鞋企业工作，必须对制鞋材料有一定的了解和认识。制鞋所使用的材料非常广泛，大致可以从鞋的结构与功能方面进行划分。主要有帮面材料、大底材料、中底与内底材料、胶黏剂、功能材料、辅助材料等。

第一节　帮面材料

可用于制鞋的帮面材料品种很多，经常使用的帮面材料主要由面材与里材两个部分组成。面材使用量较大的是皮革、合成革、再生革、帆布、网布、咔叽、哔叽、高分子材料、塑料等。里材使用量较大的是棉布、针织布、无纺布、网布、毛巾布、天鹅绒布、内里布、衬布、海绵等。

一、鞋面用材料的要求

由于消费者对鞋的功能性和舒适性的要求越来越高，如排气、排湿、除臭、保健、导汗、防水、高弹性的收缩等功能，使得鞋面用材料在制造过程中，必须考虑到尽可能满足越来越多的需求。

1. 鞋面用材料应具有较好的透气性和吸湿性，以保证脚汗能充分排出。否则，脚汗的侵蚀不仅造成鞋过早损坏，还会引起脚部皮肤病，甚至导致运动伤害。

2. 鞋面用材料应具有较好的伸长变形性，但永久变形性小的特性。这样，鞋可以随着脚的膨胀和收缩变形后又恢复到原状，从而保证鞋具有固定的形状。当人们长时间运动后，脚会暂时变大，休息（尤其是经过睡眠）后，又会恢复到原来的尺寸，如果鞋不能适应脚的变化而伸缩，就会使脚受到挤压，甚至发生脚部供血困难。

3. 为了提高鞋的使用寿命，鞋面用材料应有一定的耐水性、耐热性、耐紫外线老化性、耐寒性和防霉性。

4. 鞋面用材料应美观大方，色彩均匀，表面纹路清晰、无明显缺陷。

5. 鞋在穿着过程中要承受多次弯曲变形、摩擦、拉伸，帮面受到比较强烈的扭拉、撕裂和冲击，故要求鞋面用材料有必要的抗拉强度、抗撕裂强度、耐磨性和承受多次弯曲变形的能力。

6. 鞋面用材料必须适应多种制造工艺的要求，如应具有必要的成型性和黏结性，能承受一定温度的作用，以便于成型加工。同时，还应具有一定的柔软性和干爽的手感，以保证穿着舒适性。

7. 在运动过程中，脚与鞋里表面会发生连续的激烈摩擦，从而在脚部皮肤上形成大量的静电聚集现象。静电会刺激出汗，使人感到不适，所以，鞋面要有足够的抗静电能力。

8. 鞋面用材料的制造过程应尽量避免加入有害物质，以防穿着中对脚造成损害。

二、鞋面主要材料

目前制作鞋面材料的种类繁多，主要有天然革（皮）、人造革（皮）、合成革（皮）、纺织材料、塑料、橡胶等，其中最理想的鞋面材料是天然革（皮）。

1. 天然革（俗称真皮）

消费者一般习惯地把“皮革”联在一起，不加区别地称呼。

（1）生皮与皮革的关系。“皮”是指从动物体上剥下来的体表组织，一般称为生皮，是制革的原料皮，不能直接用来制鞋。

“革”是由“皮”经过加工变成具有一定使用性能的产品，可直接用于制鞋。在制鞋工艺中，“皮”与“革”之间的关系如图 2—1 所示。

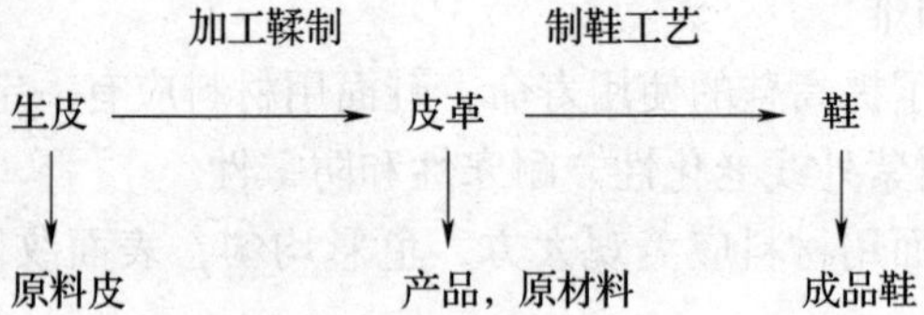

图 2—1　制鞋工艺中“皮”与“革”的关系

（2）皮革的结构。皮革共分两层，即粒面层与网状层。为了满足美观和保护粒面的需要，通常在粒面外加一层涂饰层。

（3）皮革的分类。根据皮革的质量等级、加工方法，常将其分成四个基本种类，即正面革、修面革、绒面革、二层面革，见表 2—1。

表 2—1　　　　　　　　**皮革的种类**

皮革类型	主要特点
正面革	具有天然毛孔和粒纹清晰可见的革（俗称头层革）
修面革	经过轻微修饰具有假粒面的皮革
绒面革	将正、反面进行磨绒的革
二层面革	没有粒面的，经过深加工后制成的革

同时，由于鞋面的整饰方法不同，可以衍生出具有不同外观效果的鞋面革。如苯胺革、打光革、花纹革、效应革等。此外，还有纳巴革、油浸革、防水革等特殊性能的皮革。

1）常用皮革。主要有：①牛皮革：粒面图案为无规则针孔形，表面细腻（见图 2—2）。以犊牛皮、胎牛皮、小牛皮为佳。②猪皮革：粒面图案为品字形或三角形，表面粗糙（见图 2—3）。适合制作透气性较好的皮鞋。③羊皮革：粒面图案为鱼鳞形或瓦片形，表面细腻柔软。适合制作女鞋、女靴。

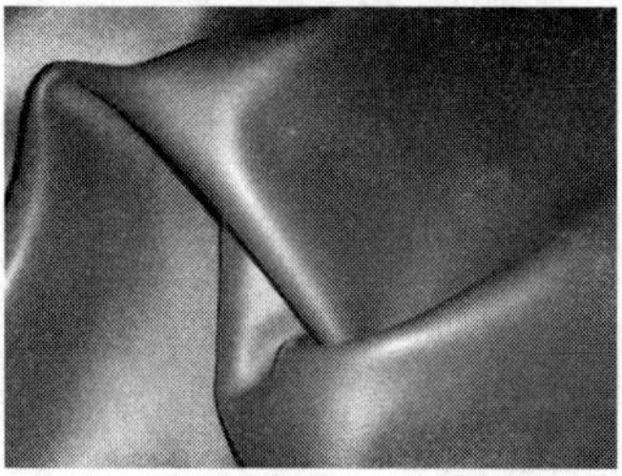

图 2—2　牛皮革

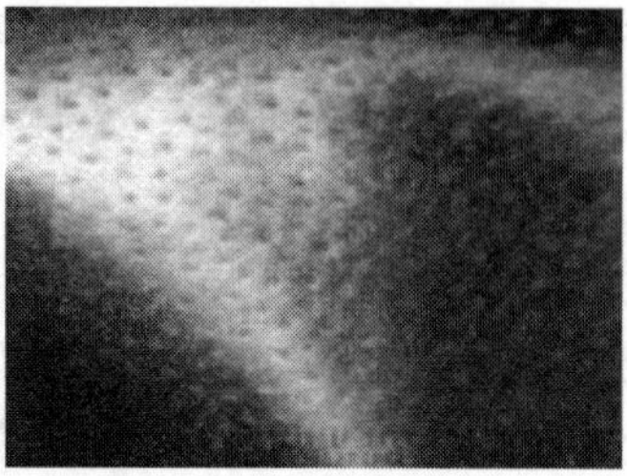

图 2—3　猪皮革

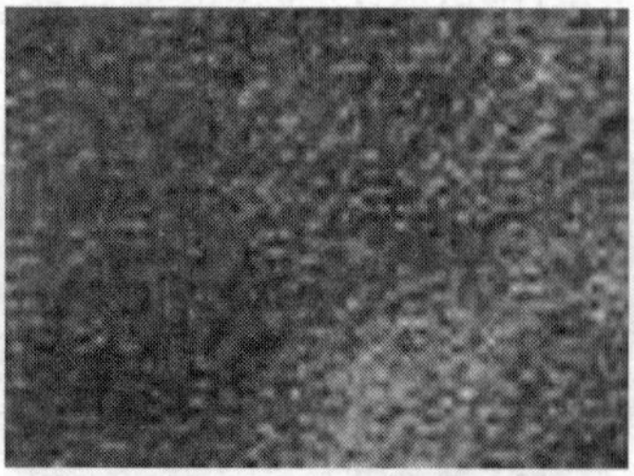

图 2—4　羊皮革

2）特种皮革。特种皮革有蟒皮和蛇皮、蜥蜴皮（见图 2—5）、鳄鱼皮（见图 2—6）、袋鼠皮、鸵鸟皮（见图 2—7）、鱼皮、穿山甲皮、蟾蜍皮和蛙皮等。

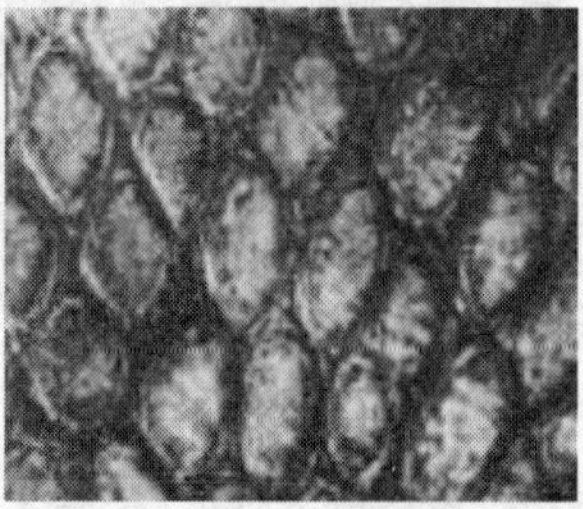

图 2—5　蜥蜴皮

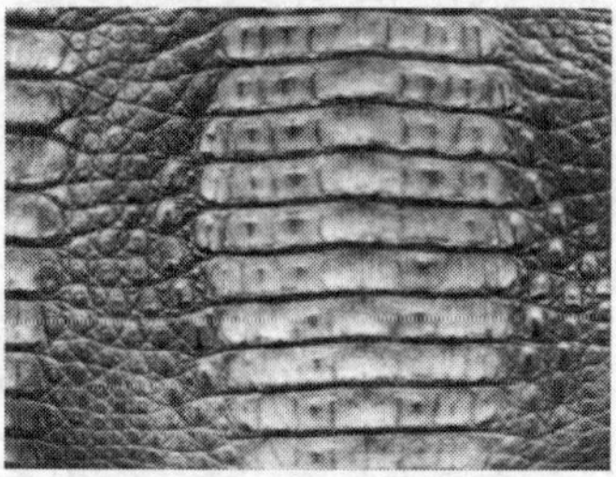

图 2—6　鳄鱼皮

3）常见皮革的识别。黄牛正面革的革面细致光亮，毛孔小而浅，呈圆形排列，手感丰满而有弹性；猪正面革的革面粗糙，毛孔粗大，呈明显三个一组的三角形（或品字形排列）；羊正面革的革面细致，毛孔呈鱼鳞状（或瓦片形）排列。手感柔软而富有延伸性。以上所有正面革的粒面层与网状层图案明显（见图2—8），且用手指按压后会有皱纹出现，如图2—9所示。

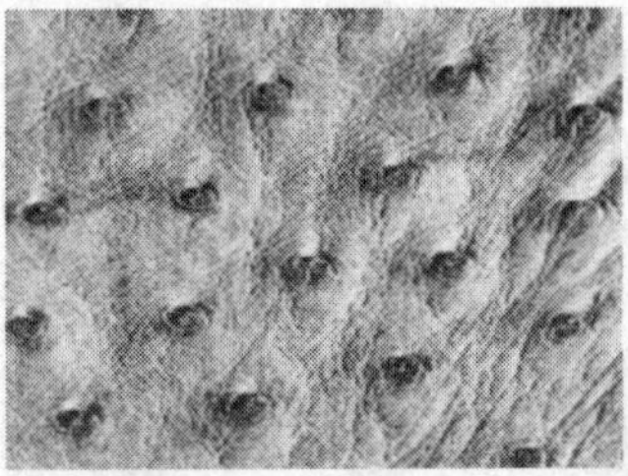

图2—7 鸵鸟皮

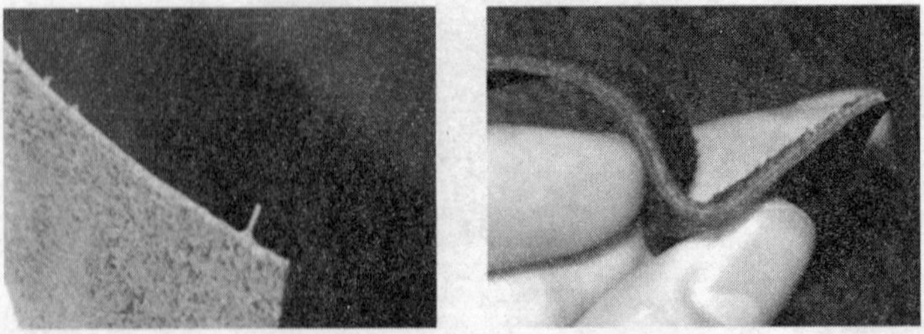

图2—8 皮革的粒面层与网状层

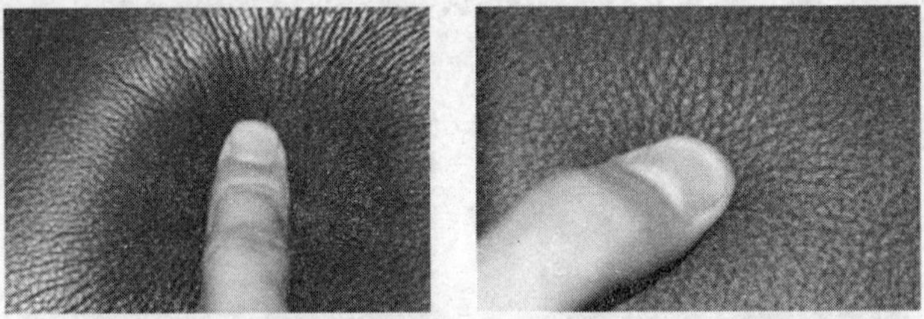

图2—9 用手指按压皮革有细小皱纹出现，手松开皱纹消失

从手感上触摸皮革，纳巴革极为柔软，绒面革温暖，软面革丰满，打光革坚实，漆光革挺括，不同触摸感会引起不同的舒适感。

无论什么类型的鞋面革，从质地上说都属于皮革范围，但有的是全粒面的，有的是半粒面的，有的是真粒面的，有的是假粒面的。设计和制作高档鞋要选择品质好的皮革材料，才能保证成鞋不变形、不走样。鞋款不同，侧重的性能也不同。如正装鞋侧重于皮革的品质，休闲鞋侧重于皮革的舒适性，职业鞋侧重于皮革的功能，时装鞋侧重于皮革视觉上的色彩、光泽、纹路的变化。

制鞋企业是制革的下游企业，多了解一些皮革的相关知识，有利于更好地利用皮革。如主纤维束方向、质量部位差异伤残的利用等知识。

2. 人工革（俗称假皮）

人工革是相对于天然革而言的，是指通过人工制造的方法生产的仿面革制品。

随着人类对皮革制品需求量的增加，天然皮革供不应求，于是用人工制造的方法来生产“皮革”，作为真皮材料的代用品。早期把这些材料都叫做“代用革”，现在经过多年的发展，人工材料的性能大大改进，有些甚至超过了天然革，代替的功能正逐渐消失，所以，把这类以人工方法制造的仿革制品统称为人工革。

（1）人造革（主要指 PVC 革）。人造革是指以纤维织物作底基，以合成树脂为涂层的仿革材料。说它是仿革材料，是因为人造革的涂层模仿真皮的粒面层，底基模仿真皮的网状层，这只是从外观上进行的模仿。常用的有聚氯乙烯（PVC）人造革、聚氨酯（PU）人造革两大类。

PVC 皮外观类似天然皮革，具有质量均一、表面无伤残、便于裁断开料、不怕水洗、便于清洁、色泽鲜艳、质地较轻、耐磨、耐折、耐水、耐酸碱等优良性能，并且成本低廉、加工方便。但粘接牢固度较差，易于剥离；耐寒性差，易于脆裂；柔软性较差，手感僵硬；透气性和吸湿性差。

PVC 革主要有各种颜色的光面革、绒面革，还有金属色（金、银、太空）、自然花纹（荔枝、橘皮）、闪光、动物皮纹（见图2—10）等品种，多用于皮鞋、运动鞋的面革。

图 2—10　蛇纹 PVC 人造革

（2）合成革（主要指 PU 革）

合成革（见图 2—11）是指以无纺布为底基，以聚氨酯为涂层的仿革材料。合成革是继人造革之后的第二代人工革。合成革仿造真皮的网状层立体结构，仿造真皮粒面层的透气性，经过浸和涂双重工艺使涂层和底基层连成一体，仿造真皮上下两层由同种纤维编织而成的效果，所以，合成革的外观和性能比人造革更接近于天然革。

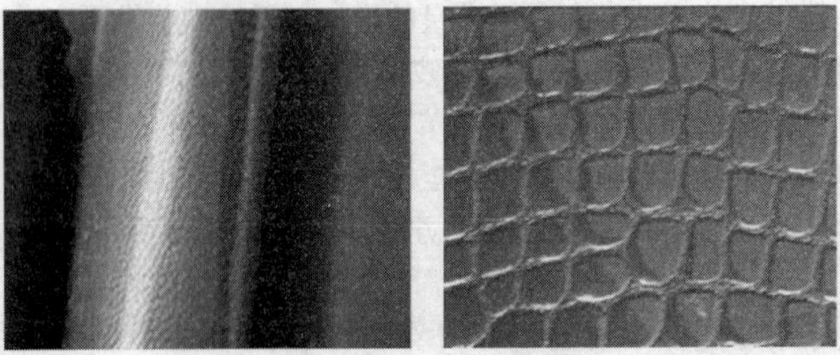

图 2—11　PU 合成革

合成革用来制鞋具有许多优势，如在外观的色彩、光亮度、花纹变化上都比真皮美观，适于制作时髦的浅口鞋；耐水性好，便于清洗，在生产运动鞋时得到普遍使用；材质均匀一致，表面无缺陷，便于裁断，出材率高于天然革。但合成革毕竟不是真皮，在与人体接触时感觉没有真皮舒适。

（3）超细纤维革（俗称超纤革）。超细纤维革（见图 2—12）也是一种合成革，只不过它的底基是用超细纤维构成的，已成为人工革的第三代产品。

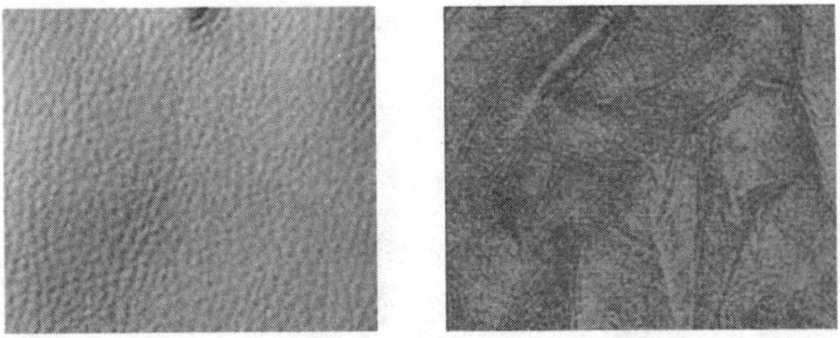

图 2—12　超细纤维革

超细纤维革是一种比较特殊的合成革，除了具有合成革的基本特点外，还有自身的特点，表现为手感丰满、柔软，具有较好的耐磨性、耐寒性、耐曲挠性和机械强度，具有透气性，而且耐化学性、防水性、防霉性优异。但是，由于聚氨酯材料易水解，不耐黄变，在一定程度上影响了超细纤维革的使用。

超纤革质地较轻，一般用于高档运动鞋。用超细纤维生产的人工麂皮，有类似真丝的手感，可与绒面革相媲美。

3．鞋用帆布

鞋用帆布（见图 2—13）主要包括鞋面帆布、鞋里帆布、双层鞋用帆布等。织物组织一般是平纹或纬重平（双经单纬）组织，也有双层组织的（就是把鞋面和鞋里连在一起织成），这样可以提高鞋帮面的质量，延长鞋的穿用寿命。其中，鞋面帆布有一定的厚度、强度，其布纹细致，光泽、颜色、质地符合流行趋势。鞋里材料使用平纹布、斜纹布、薄帆布等。

4．绒布

绒布是表面具有绒圈或绒毛的单层起绒类丝织物，因起源于漳州，故被称为“漳绒”。漳绒有花、素两类，表面全部是绒圈的为素漳绒；将部分绒圈按绘制的花纹割断成绒毛，使绒毛与线圈相间构成花纹的称为花漳绒。

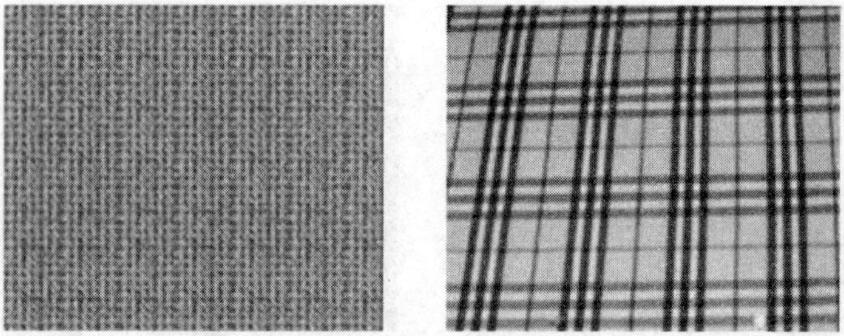

图 2—13　鞋用帆布

制鞋用的绒布主要有天鹅绒和金丝绒。

（1）天鹅绒。天鹅绒具有绒圈或绒毛浓密耸立、光泽柔和、轻巧、柔软、质地坚牢、耐磨、舒适等特点。被用来制作中高档运动鞋的里料。天鹅绒色彩以黑色、紫酱色、杏黄色、蓝色、棕色为主。

（2）金丝绒。金丝绒是一种高级丝绒，一般可以做中高档运动鞋面料的装饰材料。金丝绒不宜水洗、重压，否则会影响鞋帮面的美观。

5．牛仔布

牛仔布主要用于布鞋、皮鞋、硫化运动鞋的帮面，或运动鞋的帮面装饰材料。牛仔布具有耐磨、耐脏、吸汗性好、透气性强、价格便宜、风格别致等特点。

6．针织布

针织布具有松软、弹性好、手感好、透气性好等特点。针织布经过整理后，弥补了缺乏梭织布挺括的缺点，并保持了针织布弹性强、手感柔软和透气性好的优点，加之具有花色品种丰富、新颖等特点，被广泛用于运动鞋的鞋里材料。

7．网布

网布（见图 2—14）是采用纱罗组织的交织制品，其结构特殊，布面形成菱形小孔眼，具有布身滑爽透凉、色泽艳丽、耐穿耐用、不怕水洗等优点。

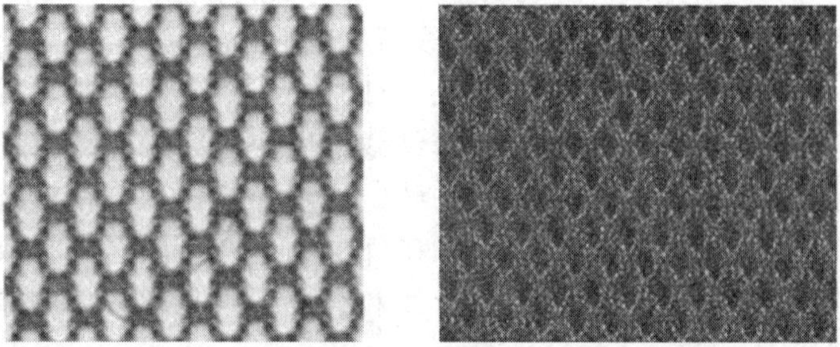

图 2—14　网布

网布的外观比较亮丽，装饰作用强，经常贴合泡棉材料做运动鞋的帮面，如“三明治”，就是用一层网布，贴合一层泡棉，再加一层叫做特布的衬布，制成的三层复合材料，做帮面时一般不需另加泡棉，使用非常方便。

三、鞋面常用辅料

在制鞋生产中，除了主要原料外，还需要多种辅助材料。各种鞋带、缝纫线、松紧带、鞋眼圈、鞋钎扣、装饰件、胶黏剂等均属于鞋面用辅料。

1．鞋带

鞋带是采用编织或针织的方法制成的管状织物，如果鞋带管状物内有加芯，则鞋带成圆形带，如果鞋带管状物内没有加芯，则鞋带成扁形带。鞋带具有一定的强度及摩擦因数，结扎后不易滑脱，受力时不易断裂。以涤纶、维纶和棉纤维混纺的纱编织的鞋带使用效果最好。

鞋带的长度依据鞋品种的不同略有区别。皮鞋带长度为 35 ~ 70 cm，胶鞋带长度为 60 ~ 100 cm，棉鞋带长度约 80 cm，运动鞋带长度为 80 ~ 120 cm，专业足球鞋鞋带长度为 120 ~ 200 cm。

2. 缝纫线

在制鞋生产中，缝纫线（见图2—15）主要用于缝合，所以也称为缝合用线。缝纫线主要品种有棉线、丝线、麻线、涤纶线等。目前市场上鞋用缝纫线新材料不断出现，它们都有各自的特点和缝制加工性能要求，所以，不同性能质地材料的缝制，要选用相应质地性能的缝纫线，以使缝纫线与缝料的强度和缩水率等性能指标基本一致。如用棉织物作鞋帮应选用棉线或涤纶线；用化纤织物和化纤混物作鞋帮应选用合成纤维线；皮鞋及革制品宜用蚕丝线和合成纤维长丝线，如涤纶长丝线。

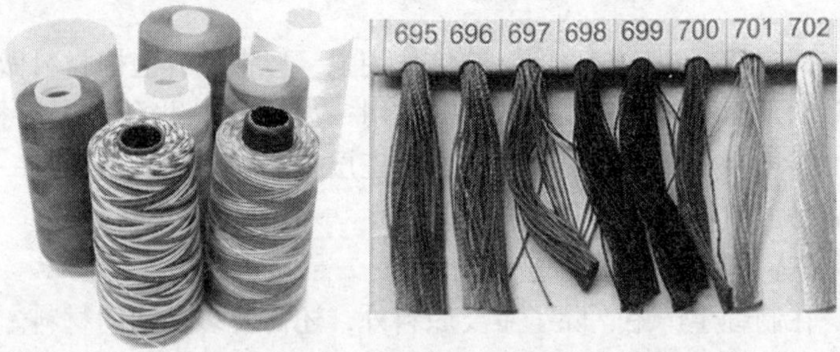

图2—15　缝纫线

3. 金属部件

在装配鞋帮时，常用到一些金属部件（见图2—16），这些部件能起到连接、加固、防护及美化等作用。常见的金属部件有鞋眼圈、鞋钎、铆钉、鞋扣、拉链、装饰件等。

4. 松紧带

松紧带（见图2—17）通常是由高延伸性的橡胶线和更紧密的纺线组合而成的。松紧带广泛用于鞋子上的许多关键部位，具有重要的功能性用途，如侧边装有松紧带的短靴上、用于附着鞋扣的条带，有些鞋子的部分甚至整个鞋面都是用松紧带或延伸性织物做成的，如针织弹力布、四面弹材料等。

a)

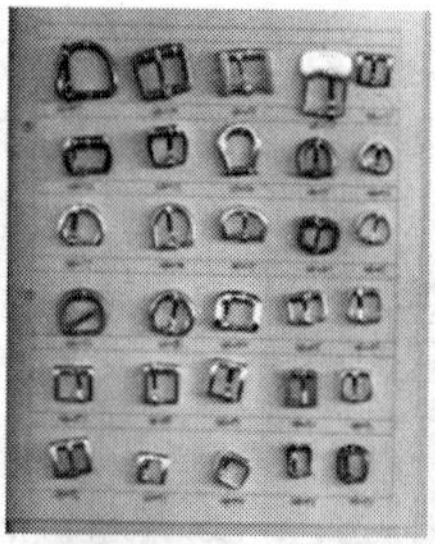

b)

c)

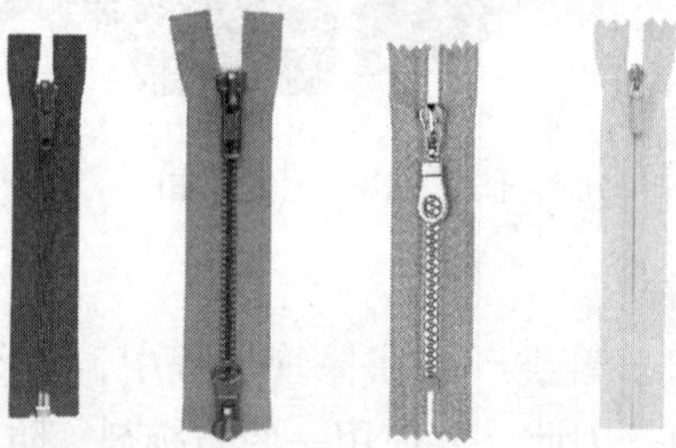

d)

图 2—16　金属部件

a）鞋眼圈　b）鞋扣　c）装饰件　d）拉链

图 2—17　松紧带

5．尼龙搭扣

尼龙搭扣（见图 2—18）又称魔术扣，具有黏合力强、色泽鲜艳等特点，当勾面带与圈面带相向复合起来略施压力即能使圈勾扣紧，从而使鞋帮或附件连接，撕揭即可分离。尼龙搭扣适用于需要方便而迅速地扣紧或开启的部位，可替代扣子、拉链、带子等，一般作为休闲运动鞋、童鞋等的连接材料。

图 2—18　尼龙搭扣

6. 其他材料

（1）防霉剂。鞋类产品在保管过程中，稍不注意就会出现霉变或虫蛀现象，因此，要使用一些防霉剂、防蛀剂，如樟脑丸等，以延长鞋的使用寿命。

（2）颜料膏。在修补鞋面轻度伤残时要用到颜料膏。一般是用细砂纸轻轻打磨伤残表层，然后再涂抹与面革颜色相同的色膏，达到鞋面颜色均匀一致。

（3）皮鞋油。皮鞋油是皮革的保护剂和上光剂，它的功能是防水护革，保护皮革表面，防止水分侵蚀皮革，使皮鞋经久耐穿，同时增加皮革表面的光泽。

（4）保革油。保革油是一种不干性皮革保护剂。它的性质与普通鞋油不同，它能渗入皮革内部，使皮革柔软滋润，不易脆裂，不受水分侵蚀。但保革油不能使皮革变光亮。

第二节　鞋 底 材 料

鞋底主要由大底、中底（中插）、内底三部分组成，另外，还有鞋跟、跟皮、鞋垫、内增高垫等。

一、天然鞋底革

天然鞋底革是指用于制作鞋底部件的皮革材料。主要分为外底革和内底革两大类，在外底革中还分出软底革品种。

制作天然鞋底革的原料大多选用张幅大、质地重、纤维编织紧密的黄牛皮、水牛皮、猪皮等。

外底革的主要性能是：革身紧密坚实、有弹性，有一定的强度和硬度，但不僵硬；粒面光滑细致，颜色均匀，没有松面裂面和返栲现象；吸水性小，但不能透水，在干或湿条件下都具有耐磨性；便于外底加工。

软底革的主要性能是：有一定的柔软性，革身紧实、耐磨、抗张强度高；富有弹性、柔韧性、厚薄均匀。

内底革的主要性能是：耐汗性好、耐湿热稳定性好。

天然鞋底革适于制作高档线缝鞋。早期的皮鞋全部用天然鞋底革制作，而现在被各类其他材料所代替。而制作高档鞋，依然以天然鞋底革为主。

二、橡胶鞋底

国内运动鞋底材料中橡胶占一半以上。在橡胶中，除了氟橡胶、丁基橡胶外，其他橡胶品种都可用于运动鞋大底或中底的生产。

橡胶品种包括天然橡胶、丁苯橡胶、顺丁橡胶、异戊橡胶、氯丁橡胶、乙丙橡胶、丁腈橡胶、热塑性橡胶等。

1. 橡胶底

橡胶底一般采用硫化、模压、注射、注压、浇注等工艺，在模具中成型为完整的、具有各种花纹的鞋底。一般仅经过简单修剪加工而成，通常称为橡胶底或硫化橡胶底。它包括硫化鞋底、模压鞋底、成型橡胶鞋底和注射橡胶鞋底。

橡胶底部分生产过程如图 2—19 所示。

橡胶底因组合配方不同而具有各种各样的特殊的物理化学性

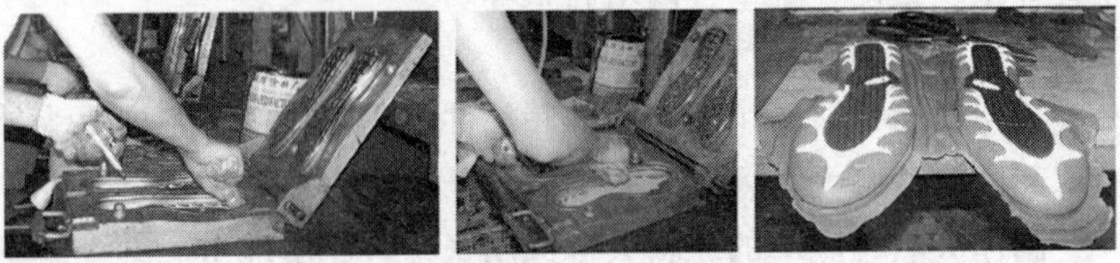

图 2—19　橡胶底部分生产过程

能。如炭烧橡胶底耐磨、防滑、质量较轻、穿起来舒适。硫化橡胶底制作的各种鞋类，无论是干态或湿态状态下，都具有很好的防滑性。

2. 热塑性橡胶底

热塑性橡胶底是一种兼有橡胶的优良使用性能，和塑料成型加工性能的鞋底材料。目前有 SBS、TPU 等品种。

热塑性橡胶底原料易得，成本低廉，性能优良，工艺简单，无需炼胶、硫化和补强，应用价值很大。

3. 生胶底

生胶底也称为牛筋底，因颜色和质地类似牛筋而得名。它是一种质地纯净、坚韧耐磨、半透明状的弹性体。生胶底质量轻、耐磨性好，是非常好的鞋底材料。

三、塑料鞋底

塑料具有耐腐蚀、耐摩擦、绝缘性好、价格便宜等优点。广泛用作中低档鞋底材料，可以制作大底、中底、中插底、主跟、内包头、半内底、鞋垫等部件。常用的塑料有聚氯乙烯（PVC）、聚氨酯（PU）、聚乙烯（PE）、聚苯乙烯（PS）、乙烯—醋酸乙烯酯共聚物（EVA）、丙烯腈—丁二烯—苯乙烯共聚物（ABS）等。

1. 聚氯乙烯（PVC）鞋底

PVC 鞋底一般分为两种：一种是由软质 PVC 混炼时，加入适量的发泡剂做成片材，经发泡成型为泡沫塑料，制成泡沫 PVC 鞋底；另一种是用注射成型机配合各种模具制成 PVC

鞋底。

PVC 鞋底一般适宜做时装鞋，因它轻、薄的特性可突出时装鞋特有的流畅线条，从而显得比较有档次。用聚氯乙烯（PVC）为主要成分经注塑成型的外底，具有很好的耐油性、绝缘性、耐磨性和防滑性。改性 PVC 塑料外底的抗滑性较好，无论是干态或湿态都有比较强的防滑性，但 PVC 鞋底的抗湿滑性能差。

2．聚氨酯（PU）鞋底

聚氨酯鞋底具有很多优点：密度低，质地柔软，穿着舒适轻便；尺寸稳定性好；具有优异的耐磨性能、耐挠曲性能，优异的减震、防滑性能，较好的耐温性能，良好的耐化学品性能等。聚氨酯鞋底多用于制造高档皮鞋、运动鞋、旅游鞋等。

3．乙烯—醋酸乙烯酯共聚物（EVA）鞋底

EVA 具有良好的柔韧性、耐低温性（-58℃仍有可挠性）、耐候性、耐应力开裂性、黏结性、高拉伸加工性、透明性和光泽性，还具有橡胶般的弹性、优良的抗臭氧性、良好的染色性，而且无毒。同时，EVA 随乙酸乙烯酯（VA）的含量不同，其性能也有差别。如 VA 含量为 5% ~20% 的 EVA，可用于改性聚乙烯，或与天然橡胶、丁苯橡胶等共混；VA 含量为 10% ~20% 的 EVA，主要用于制造微孔鞋底，或与橡胶并用制造仿革底、透明底等；VA 含量为 15% ~40% 的 EVA，则用于制造鞋用热熔胶；VA 含量为 40% ~50% 的 EVA，是合成橡胶新品种。由此可见，EVA 树脂符合制鞋业“轻量化、卫生化、舒适化、美观化、功能化”的发展要求，加之 EVA 加工成型方法简便，使其在鞋底材料方面应用十分广泛。

目前，EVA 与 TPR、PU、PVC 和橡胶平分鞋底材料的天下，其在制鞋业的地位逐步提升。仅从鞋底主要部件来说，制作运动鞋、旅游鞋、皮鞋可以使用 EVA 透明底；用于拖鞋、沙滩鞋、童鞋、工艺拖鞋主要是 EVA 一次射出大底；用于休闲鞋、慢跑

鞋、厚底鞋或坡跟鞋底的是 EVA 一次发泡成型鞋底或称整体性鞋底（俗称“3D 底”）；花色品种最多、用量最大的要数 EVA 贴合橡胶的组合底（俗称“MD 底”），其次是 EVA 中底和内底。缺点是，EVA 鞋底在潮湿状态下防滑性较差。

四、仿革底

仿革底又称人造底革，具有强度高、耐磨、耐屈挠、耐温、耐水等优点，外观和手感酷似真皮。仿革底材料大多加入塑料材料，如聚苯乙烯（PS）、聚氯乙烯（PVC）、聚乙烯（PE）、乙烯—醋酸乙烯共聚物（EVA）。仿革底主要有橡胶类仿革底、塑料类仿革底、橡塑类仿革底。除橡胶类仿革底外，其他仿革底黏合时必须使用专用处理剂，才能确保帮底的粘接强度。

五、合成底革

合成底革是以合成纤维无纺布为底基浸渍而制成的底革材料，也称为纤维人造底革，简称纤维人造革。这种材料具有较好的硬度和成型性、耐曲挠、弹性好等优良性能。主要用来制作内底、主跟、内包头等部件。合成底革主要有以下几个品种：

1. 合成内底革

合成内底革是专供透缝和胶粘内底使用的一种合成革，其特点是外观平整，质量轻，富有弹性，耐弯曲性能强，防霉防蛀性能好。制成一定厚度的片材，颜色呈白色或浅色。

2. 合成主跟、内包头革

合成主跟、内包头革是专供主跟、内包头使用的一种合成革。规格有厚型和薄型两类，厚型的用于主跟及需要一定厚度的内包头；薄型的主要制作内包头。

3. 港宝

港宝——无纺布浸渍树脂片材，又称为“化学片”。通常浸渍的树脂分为胶黏纤维素和乙烯树脂两种，浸渍胶黏纤维素的港宝，必须使用溶酯类软化剂；而浸渍乙烯树脂的港宝，则使用醇类软化剂进行软化处理，即可黏合在鞋帮面与里子中间，在鞋楦上干后即可硬化定型。

六、纸板革

1. 特种纸板

特种纸板是以特种天然纤维纸浆为主要原料，经浸胶压制成的内底专用纸板。可制成淡黄色、锈红色、深灰色等多种颜色的片材，也叫弹性纸板。其特点是表面平整、结实、弹性好、便于成型，特别是遇高温不收缩。可以制成具有较高硬挺度或柔韧度的纸板，厚度为1.7～2.4 mm。适合制作多种皮鞋的内底。

2. TAXON（泰克松）纤维纸板

TAXON纤维纸板用天然棉纤维纸浆经特殊胶黏压合而成，板面平整、厚度均匀，柔韧且极富弹性，成型性好，耐曲挠，吸潮和耐湿性好，不起层，是制作内底的好材料。

3. 高弹性纤维纸板（弹性纸板）

高弹性纤维纸板由硫酸盐木浆或棉浆经过打浆、抄纸、脱盐、层压黏合、老化、干燥和整饰等工序制成，厚度一般为1.0～3.0 mm。其优点是平整、结实、质地硬、弹性好、遇高温不收缩、便于成型，适用于制作各种皮鞋的内底和半内底。

4. 钢纸板

先生产出原纸，然后用浓氯化锌溶液处理原纸，使纤维素发生剧烈润涨，直致发生胶化，并具有一定的黏着能力。然后再将纸页在胶化烘缸上层层黏合起来，再经老化、脱盐、干燥、整形，即可得到钢纸板。颜色一般为青灰色，作半托底用。

七、再生革

再生革是由皮革的下脚料用机器粉碎，加进乳胶等黏合剂压制而成的片材。颜色呈灰褐色，主要用作内底、半内底和中底部件。它的特点是耐热性、加工性好，价格便宜。

第三节　鞋用胶黏剂

一、胶黏剂的概念

可以将两种或两种以上同质或异质的材料连接在一起，固化后具有足够强度的一类物质统称为黏合剂或胶黏剂。胶黏剂的名称很多，如称黏合剂、接着剂、结合剂等，也简称为胶。

在现代制鞋工业中，胶黏工艺得到迅猛发展，80%以上的皮鞋、布鞋和运动鞋都采用胶黏工艺。因此，胶黏剂成为鞋靴生产不可缺少的重要材料。

二、胶黏剂的组分

胶黏剂是以粘料为主剂，配合各种固化剂、增塑剂、稀释剂、填料以及其他助剂等配制而成的。为了满足某些特殊使用要求，有的还要加入一些改性剂或其他配合剂。一种胶黏剂，不一定都含有这几种组分，有的组分则可能多达几十种，胶黏剂的组分主要由胶黏剂的性能和用途来决定。

三、制鞋用胶黏剂的种类

胶黏剂主要使用在车帮缝制、绷帮成型、帮底结合三大工序。在车帮缝制之前，需要对部件进行贴衬和折边；在绷帮成型过程中需要黏合主跟包头和绷帮；在帮底结合时需要黏合外底。其中以外底黏合工序对胶黏剂的要求标准最高，因为每当外底的材质发生变化，都需要改换不同的胶黏剂搭配使用。此外，外底在使用过程中要承受撞击、弯折，适应不同地面状况，因此，需要选择黏合强度高、柔韧性好、耐油、耐水、耐久性好的胶黏剂。

1. 按化学组分分类

制鞋用的胶黏剂种类很多，按化学组分分类，主要有氯丁、接枝氯丁和聚氨酯等三个系列。

（1）氯丁胶黏剂。氯丁胶黏剂又称强力胶，也称黄糊，为黄色黏稠液体。主要用于包中底、包鞋跟等黏合。氯丁胶黏剂的分子结构规整，内聚力强，对多种材质有良好的黏附性能，应用广泛。

（2）接枝氯丁胶黏剂。接枝氯丁胶黏剂又称药水胶、药水糊，为微黄色透明黏稠液体，适用于橡胶、仿革底、真皮等材质的粘接。随着鞋用材料的多样化，对粘接质量有了更高的要求，第一代普通氯丁胶黏剂已不能完全适应底材的粘接要求，随之出现了接枝改性氯丁胶黏剂，针对不同材质的要求，接枝氯丁胶黏剂有一元、二元、三元及四元共聚物，基本解决了各种硫化橡胶底、TPR 底与鞋帮的粘接问题。但是，对于粘接 PVC 及 PU 底，仍需使用 PU 胶才能解决问题。

（3）聚氨酯胶黏剂。聚氨酯胶黏剂也叫 PU 胶、树脂胶，为无色透明黏稠液体，特别适用于 PVC、PU 材质的粘接。聚氨酯胶黏剂对许多材质具有优良的粘接性，有较好的初粘力和较高的内聚力，耐磨性、耐寒性、韧性都非常好，特别是它具有氯丁胶黏剂难以相比的抗油脂和抗增塑剂性能，因此，在某种程度上比氯丁胶黏剂具有更高的粘接强度和更广的应用范围。

20 世纪 90 年代初，随欧美各国环保法规日趋严厉，水性聚氨酯胶的性能基本上可以满足制鞋的要求。水性聚氨酯胶对许多合成材料，尤其是极性材料、多孔性材料均具有良好的粘接性。

水性聚氨酯胶与溶剂聚氨酯胶比较，没有溶剂臭味，无毒、无污染、操作方便，残胶易清理，固体含量高，储运安全方便。但是，水性聚氨酯胶需较长的干燥时间和较高的干燥温度，干燥工艺条件要求严格，以保证水分挥发彻底。水性聚氨酯胶对基材浸润能力差，仍需使用溶剂型的表面处理剂。

2. 按被粘对象分类

（1）粘底胶。如氯丁溶液胶、接枝氯丁胶、聚氨酯胶及改性 SBS 胶等。

(2) 绷帮胶。如氯丁溶液胶、氯丁胶乳及聚酯、聚酰胺、改性聚烯烃类热熔胶等。

(3) 抿（折）边胶。如氯丁溶液胶、氯丁胶乳、聚酰胺及改性聚烯烃类热熔胶等。

(4) 衬里胶。如羧甲基纤维素、氯丁胶乳、聚乙烯醇及其缩醛胶等。

(5) 合布胶。如羧甲基纤维素、聚乙烯醇及其缩醛胶、天然胶浆、天然胶乳及淀粉胶等。

(6) 包头胶。如天然胶浆、天然胶乳、乙烯－乙酸乙烯共聚乳液胶等。

(7) 包跟胶。如氯丁胶乳、氯丁溶液胶、聚乙烯醇及其缩醛胶、乙烯－乙酸乙烯共聚乳液胶等。

(8) 围条胶。如天然胶乳等。

(9) 勾心胶。如溶液型 SBS 胶、溶剂型氯丁胶等。

(10) 鞋垫胶。如天然胶浆等。

3. 按胶黏剂形态分类

胶黏剂形态有溶剂（油性）胶、水基胶（乳胶）和热熔胶（固体胶）。

(1) 溶剂胶应用最广泛，溶剂胶中的有机溶剂对人体有危害，污染环境，带来火灾隐患，因此，从成本及环境保护方面考虑，最好用其他胶代替。

(2) 水基胶是指由能分散或溶解于水中的成膜材料制成的胶黏剂，包括各种天然乳胶和人造胶乳。由于它不含或含有机溶剂少，对人体及环境危害较轻，是优先发展的品种。但水基胶的黏合强度较低，加上工艺操作上需长时间干燥等不足，又给它的发展带来一定限制。

(3) 固体热熔胶黏合速度快，无毒无味，在运动鞋的绷楦、折边以及硫化运动鞋、布面运动鞋的布料复合等工序中广泛应用。由于固体热熔胶的黏度大，对被粘材质的渗透性差，加之固化后应力较大，因而粘接强度难以保证。但是，随着科技发展，固体热熔胶是今后需要努力的方向。

从生态发展的观点来看，环保型胶黏剂是胶黏剂的发展趋势，它是环境保护的需要，是人类生存的需要。

第三章 裁断工段

裁断是制鞋过程中的第一道工序。裁断质量直接影响产品成本和企业的经济效益。因此，绝大多数工厂都设有独立的裁断车间，对生产所需的各种材料进行分类管理和裁断。

第一节 裁断工段生产设备的认识和使用

制鞋材料的裁断主要有手工裁断、机器裁断和计算机控制自动刀具裁断三种。

一、裁断设备

手工裁断所用工具主要是水银笔、剪刀、三角刀、垫板等。

机器裁断所用设备主要有裁断刀模（见图 3—1）、摇臂式裁断机（又称动臂式裁断机，见图 3—2）、龙门液压裁断机（见图 3—3）、活动刀头裁断机（又称动头式裁断机）、高速平面裁断机、切纸机电剪等。

图 3—1 裁断刀模

自动化程度高的裁断设备有由计算机控制的动头式裁断机、激光裁断机（振荡刀具）、高压水束切割机等。另外，意大利和英国 USM 公司生产一种投影裁断机，这种设备的下料台上设有振荡型刀具及目视观察装置，用于扫描皮革的轮廓，或在皮革上进行投影以引导裁断工安排下料样板在皮革上的套排。

图 3—2　摇臂裁断机

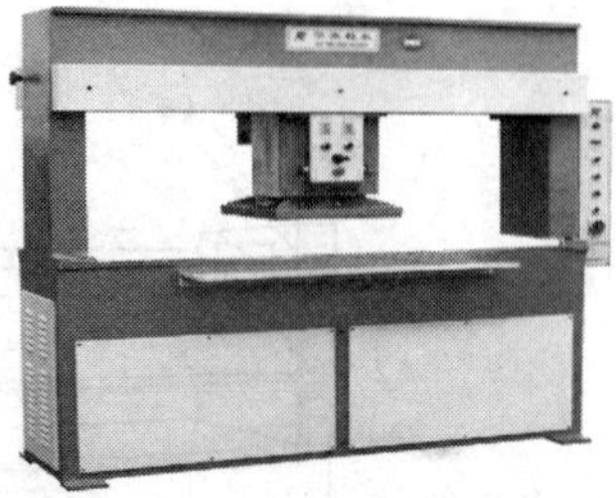

图 3—3　龙门液压裁断机

二、裁断机的使用

裁断机的种类很多，但基本的操作方法是相似的，这里仅介绍平面式液压裁断机（见图 3—4）的使用方法。

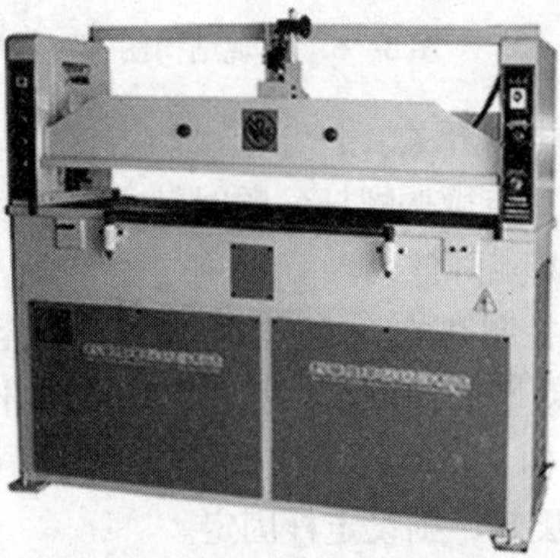

图 3—4　平面式液压裁断机

1. 外观结构（见图 3—5）

A1：启动开关。旋转此开关至“ON”位置，电动机即开始运转。

A2：电源开关。

A3：电源指示灯。

A4：计数器。用于统计显示加工数量。

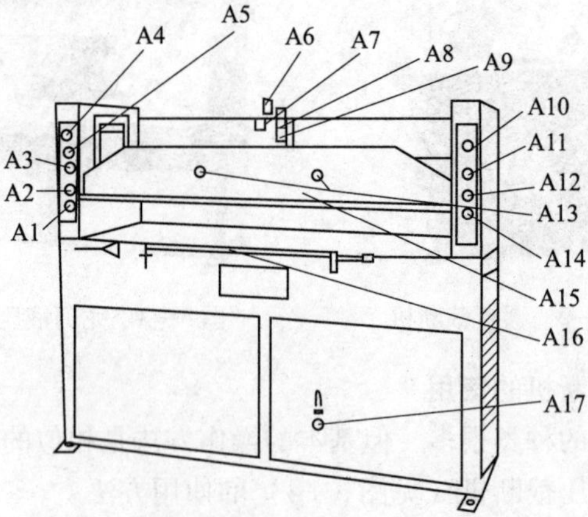

图 3—5　外观结构图

A5：计数器电源开关。

A6：裁断下死点微调螺杆。顺时针方向转动，裁断点升高，逆时针转动，裁断点降低。

A7：裁断点控制开关。裁断点上压座下降至微调螺杆（A6）碰到此开关时，裁断动作停止，裁断上压座回升。

A8：紧定手柄。逆时针方向旋转，设定杆可以上下自由移动；顺时针方向旋转，则设定杆固定。

A9：裁断设定杆。通过上下移动裁断设定杆来控制裁断行程。

A10：裁断上压座上升计时器。时间调整越长，裁断上压座上升越高；越短则越低。

A11：裁刀设定开关。裁断点的设定首先要转动裁刀设定开关至“ON”位置。

A12：手动、脚动选择开关。

A13：手按裁断开关。选择开关（A12）置于手动时，双手同时按下，即进行裁断动作。

A14：刹车按钮开关。在任何状况下，按下此按钮开关，裁断上压座都会停止下降并回升。

A15：裁断上压座。

A16：斩板浮动滚轮。

A17：电动机运转方向辨识孔。

2. 操作

（1）核对电压。接通电源前，先核对工厂所使用电压是否与本机械铭牌上所标示电压相同。

（2）检查电动机运转方向。接通电源开关（A2），按下启动开关，通过电动机运转方向辨识孔检查运转方向是否如箭头所示，如果方向相反，则将电源线任两条互换即可。

（3）检查裁断板。向各有关润滑部位加注润滑油。检查裁断板与裁断垫板是否置于裁断面中央。

（4）选择操作方式。按下手动、脚动选择开关以选择操作方式。

（5）设定裁刀裁断点。将刀模放至上、下压板中间的冲板上，裁刀设定开关（A11）置于“ON”位置，这时裁断上压座开始下降，并放松紧定手柄（A8），使裁断设定杆下落，当裁断上压座压到裁刀时，同时固定在设定杆顶端的能上下调整的微调螺杆（A6）几乎接触到裁断点控制开关（A7）时，这时锁紧紧定手柄（A8），将裁刀设定开关（A11）切回至“OFF”位置，裁断上压座立即回升完成裁刀设定工作。设定完成后，如果工作物裁不断，可逆时针方向转动微调螺杆（A6），使裁断下死点降低到裁断适当为止。若裁刀太深入斩板，则顺时针方向转动微调螺杆，提高裁断的下死点。为了得到理想的裁断行程，通过调整计时器（A10）时间的长短来控制。时间调得越长，行程就越高，短则较低。原则上裁断上压座距裁刀的顶部约10 mm，以免浪费操作时间。

3．维修保养及故障排除

（1）为了保证机器的正常运转，延长使用寿命，必须经常对机器进行检查和保养；对机器的各润滑系统进行加油润滑。

（2）裁断机上压座滑块在使用一段时间后，滑块松动时需作调整，可卸开前面两块开关面板及后面两块封盖，即可看到里面的调整螺栓，此项工作应由专业技术人员完成。

（3）平面式液压裁断机的故障及排除方法（见表3—1）

表3—1　　平面式液压裁断机的故障及排除方法

故障现象	故障原因	排除措施
打开电源开关，电源指示灯不亮，电动机不启动	电源没有接通，熔丝熔断及启动开关损坏	重新接通电源，更换熔丝及启动开关
油泵噪声过大，液压油起白沫	液压循环油不够，滤油器堵塞	加够液压油，清洗滤油器

第二节　裁断的工序及工艺要求

一、天然革的裁断

1．手工裁断

手工裁断步骤：熟悉样板结构→领料→配料→标记伤残→套划→编号→裁断→分号验收。

（1）熟悉样板结构。鞋的款式千变万化，因而部件形状也多种多样，没有统一的模式。在套划之前，应先仔细研究样板，寻找最佳的套划方法。熟悉主要部件的样板，这样在套划时才能做到有条不紊。

（2）领料。根据裁断任务通知单从原材料库领取原材料，核对面积数量，评估质量。

（3）配料。由于天然皮革在张幅大小、粒面粗细、色泽深浅、绒毛长短、毛被浓密、革身厚薄等方面存在差异，因此，要根据裁断的需要将领回的皮革进行搭配和分档，以便按照“好坏搭配”的套划原则进行套划。

（4）标记伤残。标记伤残又称为点伤，它是将粒面、肉面、绒毛及毛被等处的伤残用水银笔、特种铅笔、粉笔、划粉片等标记出来。肉面伤残应在粒面上的对应部位处标记出。标记伤残时应力求准确，既不扩大又不缩小伤残面积，以免影响产品质量或造成浪费。

（5）套划。将皮革粒面向上，平铺在工作台上，然后将下料样板摆在面革上，按照套划及合理利用伤残原则，确定好下裁的方案。左手按压样板，右手握笔或持粉袋，沿着样板的周边扑划出清晰的线条。

（6）编号。手工裁断时，在一张皮革上可能会同时套划几种尺码的帮部件，而且各种帮部件的数量也可能不一样。因此，为防止发生差错，便于以后各工序的顺利进行，需要在每一配双的部件上标明尺码及货号。编号位置应在部件的隐蔽处，以不影响产品外观为原则。编号字迹应端正、清晰，一目了然。

（7）裁断。帮料裁断时，应沿着线迹的外缘进行，以保留套划线迹。若相邻部件的边缘线迹重叠，则应对正线迹居中裁断。若相邻部件的局部有重叠，则应保证主要部件的完整性。

（8）分号验收

将裁断好的部件按照货号分类，按照尺码大小分档，清点数量后捆扎，装入料盘，送交检验员检验。

2. 机器裁断

机器裁断步骤：检查刀模→调试裁断机→调节裁刀冲程→裁断→分号验收。

（1）检查刀模。根据产品货号领取刀模，确保核对无误。使用刀模之前，应先将刀模上的防锈油擦净，然后检查刀模是否变形或刀刃有无缺口。如果有上述情况，需调换或修整刀模。刀模用完后，应按保养要求在刃口上涂抹防锈油。裁断刀模都是使用钢片经过冷压成型后，再进行热处理，以提高刀模的硬度和韧性。皮鞋生产过程中所使用的刀模一般有 19 mm、32 mm 和 50 mm 三种标准高度，以及 2 mm、2. 5 mm 和 2. 8 mm 三种标准厚度。

由于在部件的周边上用号码机进行编号的方法费工费时，且容易污染帮面，因此，可采用在部件周边切口的方法做尺寸标记，即在裁断刀模上制出切口，在裁断的同时对部件进行尺寸标记，如图 3—6 所示。

a)

b)

图 3—6　刀模与裁切样片

a）切口的裁断刀模　b）下裁后的带标记切口的部件

刀模上的切口有尖角形、方形和半圆形三种，不同的切口分别代表不同的尺码，见表 3—2。

表 3—2　　刀模切口与尺码的对应关系

刀模切口	尺码	刀模切口	尺码
1 个尖角形	代表 21 码或 31 码	2 个半圆形	代表 17 码或 27 码
2 个尖角形	表 22 码或 32 码	3 个半圆形	代表 18 码或 28 码
3 个尖角形	代表 13 码或 23 码	4 个半圆形	代表 19 码或 29 码
4 个尖角形	代表 14 码或 24 码	无齿形	代表 20 码或 30 码
无齿形	代表 15 码或 25 码	1 个方形	代表半码
1 个半圆形	代表 16 码或 26 码		

（2）调试裁断机。先在机器的运转部位加润滑油，并检查是否有影响机器转动的障碍物；然后接通电源，使机器空转 1 ~ 2 min，听机器在运转中是否正常。

（3）调节裁刀冲程。将表面平整的裁断垫板平稳地放在机台上，然后将裁刀置于其上，把裁断机的上压板拉至刀模背的正上方以调整冲程。调节时，上压板的下降应由高到低逐步调节准确。以刀模口压进垫板 0.5 ~ 1 mm 为宜。上压板距刀模背太高时，不易将面料切断，而上压板距刀模背太低时，刀模刃口压入垫板太深，难以取出，且容易造成刀模变形和缺口。

裁断垫板一般都是用高分子复合材料制成的，硬度分低、中和高三种，分别制成红、绿和白三种颜色。红色垫板适用于 PU 革、天然皮革、面革、海绵、橡胶和布料的裁断，绿色垫板适用于牛津布、箱包革、底革、纸、纸板和丝质材料的裁断，而白色垫板则适用于纺织品、毡、布、PVC、橡塑合成材料和热熔型主跟、内包头的裁断。

（4）裁断。将材料平铺于垫板上，右手握刀模，将其放在材料的正确位置上；左手将上压板拉至刀模背的正上方，待上压板停稳后，右手即离开刀模；按动电钮，使上压板下降，完成部件的裁断动作；然后将上压板推回到原位置，右手取出刀模，并从刀模中取出裁断好的部件。重复执行上述步骤，完成其他部件的裁断。

（5）分号验收。根据粒面粗细、色泽、绒毛等外观指标，将裁断好的部件左右配套成双，按照货号分类；按照尺码大小分档；清点数量后捆扎，装入料盘，送交检验员检验。对裁断好的部件主要进行外观质量、厚度和内在质量等指标的检验。

二、人工革的裁断

人工革的抗张强度由底基的结构和材料决定。但其延伸方向在整捆材料上是一致的。在裁取帮件时，同双部件的延伸性必须对应一致。

由于人工革无伤残，规格一致，所以采用多层固定在一起裁断。为了使套裁合理，可根据样板形体的不同，灵活制作连续性套划样板或组合样板。可在反面先划好样板轮廓线（裁断线），然后再用机器裁断。裁断步骤如下：

1. 核对生产通知单，领料、领取刀模。
2. 检查套划样板、刀具和调试裁断机。
3. 划料、标记尺码和序号。
4. 机器裁断。
5. 检验。

裁断时，注意刀模间的距离要合适。由于人工革的弹性好，多层重叠，上下层会出现弹性位移。特别是在压力上下变动时，会使上下层出现左右反向滑动。刀模间距过小会使下层革出现缺边少角现象。因此，多层人工革重叠，必须对齐钉牢，防止串动。连续组合套划样板，必须根据材料的幅宽予以编排设计，不能凭空臆造。上层排划到一定长度边缘线较完整时，按其长度准备下面几层的材料，避免末端丢损料。

三、纤维织物的裁断

织物要在裁断前进行分类。因为有色织物在加工和染整过程中，在宽度（幅宽）和色相上有一定差别。为了使每批产品色相一致。要在裁断前按色相分类。为了适应既定的套划样板的宽度，对不同幅宽的织物，也要分类，以合理利用材料，减少材料的消耗率和废品率。

要核准生产通知单规定的样板、材料和工具（刀模），检查调试裁断设备，如裁断机，电剪刀等。

为提高工作效率，织物材料一般采用一次多层裁断法。所以，裁断前要把织物折叠或叠垒在一起。

根据设备能力的大小、生产批量的大小，兼顾比例配码，确定叠垒层数。长度的确定是结合工作台的长度，按套划样板长度的整数倍计算，否则会剩下大量料头，造成浪费。

裁断对宽度也有要求。当宽窄幅同叠在一起裁断时，应以小幅为准，一边对齐，小幅面料要叠在大幅里料之上。

裁断采用先画后裁的方法。划料的方法有两种：一种是用样板直接在织物上套划，画出样板轮廓线；另一种是先用样板根据幅宽，优选出最佳排列组合样板，制成优化组合套划模板。一般都是用同一个尺码的样板，组合成一组套划样板。划完一个尺码的数量，再划另一个尺码的套划模板，以避免配比失调和差号间套划模板接续不严而耗料。

裁断的工具有电剪刀、电动带锯刀、电动单片刀、冲压裁断机、铳型刀等。棉麻化纤织物多用电剪刀裁断。毡、毯类多用后几种工具裁断。

四、毛皮的裁断

毛皮裁断的方法是在反面的皮板上先划后裁。划法有直接在皮板上套划和用漏划模板套划。后一种套划方法要求皮张较大、质量较好。

毛皮一般采用刀割法断料。采用割皮刀裁断时，只用刀按所画线迹居中将皮板割开，不伤损毛绒。如必须使用剪刀时，只能用剪尖剪断皮板，尽量少损伤绒毛，否则会造成鞋里缺绒露皮板。

在不影响质量的情况下，毛皮里是允许拼接的。尽量利用小料拼接，可节约毛皮，但拼接时要顺毛拼接，即毛的方向一致。注意毛绒长短、颜色的谐调，皮板软硬、厚度的一致等。

第三节　提高出裁率的原则

无论是天然皮革，还是合成材料，如果排料得当，部件穿插严密，伤残利用正确，就可以提高底料的利用率；相反，如果排料套划不合理，不严密，没有正确使用伤残，不仅会造成材料的浪费，而且会影响产品质量。

天然皮革是制鞋用主要面料，其成本占原料总成本的50%～70%。因此，提高天然皮革面料的有效利用率，对降低产品成本、提高经济效益具有极其重要的意义。

提高出裁率即提高原材料的利用率，其基本原则主要有：

一、先主后次

鞋部件有主次之分。主要部件是指帮或底，如前帮和前帮盖、三节头式的中帮、外底、内底、主跟、内包头等。这些部件在皮鞋生产及产品的穿着使用过程中要承受较大的作用力，因而要求所用皮革要具有良好的力学性能。这类部件应该优先划裁。而后跟皮、鞋舌、后帮里侧皮、中底、鞋跟里皮、插鞋跟皮等属于次要部件，在皮鞋生产及产品的穿着使用过程中承受的作用力较小，可以在次要部位进行划裁。

二、先大后小

天然皮革的形状、面积不同，其伤残的深浅、位置、大小也不同，而鞋的尺码有大有小，部件的形状、大小、质量要求也不同。先划裁大尺码、大面积的部件，不仅可以综合考虑部件的受力大小和方向等力学性能问题，而且有利于避让或利用伤残，划裁时有回旋的余地。另外，在检查套划好的大部件时，若发现质量问题，尚可改划小部件。在套划完大部件后，如果部件之间尚有空隙，可在空隙处划裁次要部件，如保险皮、鞋舌等，做到物尽其用。

三、好坏搭配

同一批天然皮革的其粒面粗细、色泽、厚薄基本一致，但质量不同。因此，要在好皮上多裁主要部件，次皮上多裁次要部件，即在好皮的次要部位上也可以下裁主要部件；而在次皮的主要部位上也可下裁次要部件，做到好坏搭配。

四、合理利用伤残

在套裁面、里部件及底部件时，除了遵循排料紧凑、先主后次、先大后小、好坏搭配等原则以外，还应该注意合理利用伤残。

在帮面上，可以利用有伤残、缺陷皮的部位是那些可以被掩盖起来的部位，例如，因为帮脚处经过绷帮和胶接，帮脚夹在了内、外底之间，对产品的外观质量无影响，但疮疤、管皱等影响胶接强度的伤残不可用于帮脚处；其他可以利用伤残、缺陷的部位有：腰窝里怀处（可利用的伤残为虻眼、鞭花、轻微松面、轻微裂面等）、部件的镶接处、片边茬、折边处、压印商标处、鞋舌、沿口处。使用真皮里料时，鞋前腔部及护耳皮等部位的里料可以使用有伤残、缺陷的里料。

从底部件在皮鞋中的作用来看，并非所有底部件的质量要求都是一样的。有些部件要求耐磨，具有弹性、延伸性及可塑性；有些部件要求具有硬度；还有些部件在厚度上有特殊的要求。即使在同一部件上也有前后和主次之分。因此，应根据不同底部件所起的作用来决定其质量要求。在不影响产品质量和外观的前提下，采用拼接等方法，充分利用各类伤残缺陷。例如，除外底前掌外，虻点可用于各种底部件；深度不超过1/4的干裂可用于主跟、内包头和半内底；脱色可用于外底、内底、主跟和内包头被覆盖的部位；虻眼、痈癞及深度不超过1/3的划伤可用于主跟、内包头和半内底。

正确使用伤残缺陷的方法有以下几种：

1. 遮盖法

将底革上的一些轻微缺陷放在成鞋被掩盖的部位或不外露的部位上使用。底革上的轻微缺陷一般是指粒面略粗，有蚤疔、鞭花、虻点、脱色等。这类伤残缺陷的特点是革的内在质量较好，具有一定的硬度和厚度，但外观上有轻微的伤残缺陷。因此，根据底革部件的质量要求，可以采用遮盖法使用带有这类伤残缺陷的底革。

如果成品鞋需要粘鞋垫，其内底部件就可以使用带有这类伤残缺陷的底革。如果成品鞋不需要粘鞋垫，而且属于满帮鞋，其鞋前尖内腔处及后跟部位粘后跟垫处均可以使用带有这类伤残缺陷的底革。半内底是夹在内底和外底之间的，除皮质松软的材料不能使用外，其他有轻微伤残缺陷的底革均可以充分利用。主跟、内包头是装在帮面和帮里之间的，也可以使用这类带有轻微伤残缺陷的底革。

2. 拼接法

由于天然底革的张幅大小，伤残的位置、深浅、大小等均不一致，因此，在下裁较大的部件时，往往难以做到严密套划。为了保证底革能得到充分利用，可以在部件的次要部位采用拼接的方法，合理使用伤残缺陷。例如外底裁断时，在保证前掌部位质量的前提下，其后跟部位可以采用拼接的方法，使用一些有伤残缺陷的底革，但拼接长度不得大于后跟部位的2/3，拼接处不得使用影响牢固度的带有伤残缺陷的底革。另外，鞋跟里皮也可以使用拼接法，充分利用有伤残缺陷的底革。

3. 下脚料利用法

当底革厚度达不到底部件厚度要求时，可以从下脚料中选取一些软硬适中的底革，粘接衬贴在厚度不足的底革上，制作主跟、内包头等部件，也可以衬垫在腰窝部位勾心的四周，起填芯作用。

五、合理套划

帮部件和底部件的形状多种多样，且不规则，在裁断时，部件与部件之间很难严丝合缝、没有空隙，这样势必产生原材料的损耗。另外，天然皮革的形状不规则，存在着部位差、力学性能的各向异性和表面伤残等，这些因素同样也会影响原材料的有效利用。因此，掌握合理的套划方法，对提高出裁率、降低产品成本有重要意义。在生产实践中大量使用的套划方法如下：

1. 直向平行互套法

直向平行互套法是指部件的主纤维走向与皮革背脊线平行，

如图 3—7 所示。采用直向平行互套法裁断出的部件符合工艺要求，下裁后的余料边缘整齐，有利于套划其他部件。常用于前帮、前盖、后帮、鞋舌、外底、内底、主跟、包头等部件的下裁。

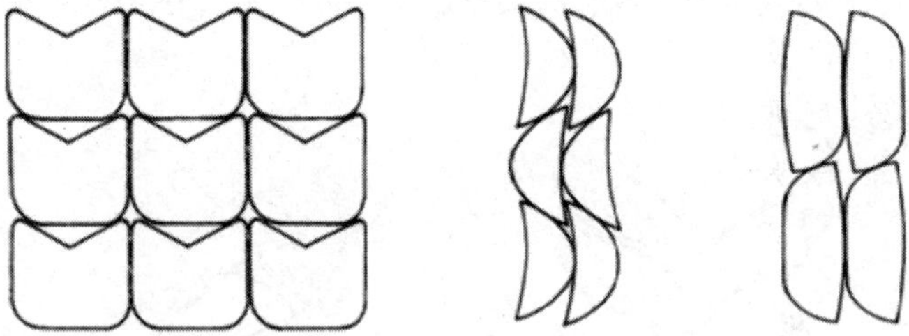

a)　　　　b)　　　　c)

图 3—7　直向平行互套法

a）鞋舌　b）内包头　c）主跟

2. 斜向平行互套法

斜向平行互套法又称斜形互套法、梯形互套法、一上一下互套法。部件间主纤维走向平行，且与背脊线呈 20° ~ 25° 夹角，如图 3—8 所示。使用斜向平行法容易做到排料严密，裁断出的部件也基本符合工艺要求。裁断时，由于是按左右脚的部件进行的，因而同一双鞋部件的粒面粗细、色泽、纤维编织、绒毛、强度及厚度等指标基本相同。常用于前帮、外底、中底、内包头等部件的下裁。

a)　　　　b)

图 3—8　斜向平行互套法

a）前帮　b）内包头

3. 人字形互套法

人字形互套法是指部件的主纤维走向呈人字形排列，且与背脊线呈30°~40°的夹角，如图3—9所示。常用于简单、受力小的部件，如包头、鞋舌、高腰靴后帮、内包头、外底等部件的下裁。

a) b)

图3—9 人字形互套法

a）半内底 b）后帮

4. 等差间续互套法

等差间续互套法是指部件呈直向排列或斜向排列，间隔相同（间隔为一个部件或多个部件），部件间互相插入，连续套划，如图3—10所示。常用于高腰靴后帮等的下裁。

a) b)

图3—10 等差间续互套法

a）后帮 b）后中帮

六、管理到位

裁断车间的人员组成包括裁断操作人员和裁断管理人员两

部分。裁断操作人员必须懂得皮料选材及排版技术，管理人员必须熟悉成本控制及管理方法，这样才能使质量及效率得到提高。

裁断操作人员必须具备专业知识、判断力、敏捷性及数字概念，裁断工序也是决定鞋子质量的基础，但由于生产环境的影响，如赶生产进度及对贸易商的要求不了解，将无法判断裁断技术的优劣，鞋厂必须对这类情况加以改善。

裁断操作人员必须非常了解皮革的特性，如皮革的品质等级、瑕疵的取舍、部件受力方向与皮革的性能关系。在排料方面，要了解排版技巧，如直线对直的、弧度对弧度、第一片落刀位置、凸对凹、凹对凸、不得有切角等，要掌握合理套划的基本方法，如直向平行互套法、斜向平行互套法、人字形互套法、等差间续互套法等。对配双、流水标的要有一定的认识，能够根据贸易商以及质量管理者的要求进行裁断。

裁断管理人员必须了解管理的需求。每天除了正确安排工序，制定出一系列的标准，确定每一位裁断操作人员每天的标准产量，还要巡视现场，检核裁断操作人员的皮料选材技术及排刀技术是否正确，检查裁断操作人员是否有浪费时间和材料的现象。

第四节　消耗定额的制定

在大规模的皮鞋生产过程中，企业一般都要制定材料的消耗定额，以便于生产和经营的管理。在消耗定额中，面料的消耗定额尤为重要，因为面料成本占原材料成本的60%以上。

一、制定消耗定额的意义

企业根据消耗定额可以有计划地购买原材料，保证生产顺利进行，减少库存积压量；便于核算产品成本和利润，提高企业的科学管理水平；考核裁断工的技术水平，从而促进员工努力提高技术水平，降低生产成本。

二、消耗定额的制定依据

消耗定额的制定应该具有先进性。在裁断工序中，员工操作的熟练程度不同，技术水平也有差别，因而在合理套划、有效利用伤残、提高出裁率方面个体差别很大。因此，在制定消耗定额时，应以先进的、员工经过努力学习能够掌握的技术水平为基础。

制定出的消耗定额先进、合理、实用，必须以科学的理论为依据。在选用原材料时，要选用具有代表性的、综合质量（包括粒面、绒毛、色泽、纤维编织、力学性能、伤残、等级、利用率等）居中等水平的原材料；选用下料样板时，男鞋选 25 号半，女鞋选 23 号；套划时遵循灵活运用的原则，制定的消耗定额应经过科学计算的检验。

消耗定额不能一成不变。随着技术水平的不断提高，原材料的单位产品消耗也随之降低。另外，由不同供应商提供的原材料，或在不同时间采购的原材料，其质量及利用率也不尽相同，因此，必须不断修订、调整和完善消耗定额。

三、消耗定额的制定方法

1. 实验测定法

用做好的下料样板直接在一块面革上进行套划，这块面革从粒面、色泽、绒毛、伤残、等级、利用率到力学性能等方面都具有代表性。套划时，应严格遵循先大后小、先主后次、好坏搭配、合理套划、合理利用伤残、顺丝套裁等原则进行，并尽可能套划成双，以便于计算。如果不能套划成双，应将剩余的材料集中起来，按下面的公式进行计算：

消耗定额 =（原料总面积 − 剩余面积）÷ 套划双数

实验测定法的优点是简单、快速，制定的定额比较准确，而且切实可行，适用于小批量、多品种的产品生产。缺点是无部件消耗定额，不能准确计算因皮革等级变化而引起的损耗量的变化。

2. 计算法

实验测定法中所使用的计算公式可以改写为：

消耗定额 =（单位产品净用量总和 + 损耗量总和）÷套划双数

但在生产实践过程中，对损耗量总和及套划双数的统计既烦琐又不符合生产实际，因而往往采用单双测定计算法。

将准备好的下料样板直接在厘米纸上套划，同样要严格遵循先大后小、先主后次的原则，并且要尽量使样板排列成矩形或平行四边形。将一双鞋的样板套划完毕后，描绘出所有样板的轮廓线，利用平行四边形求积法，计算出单位产品净用量，如图3—11所示。按照如下公式进行计算：

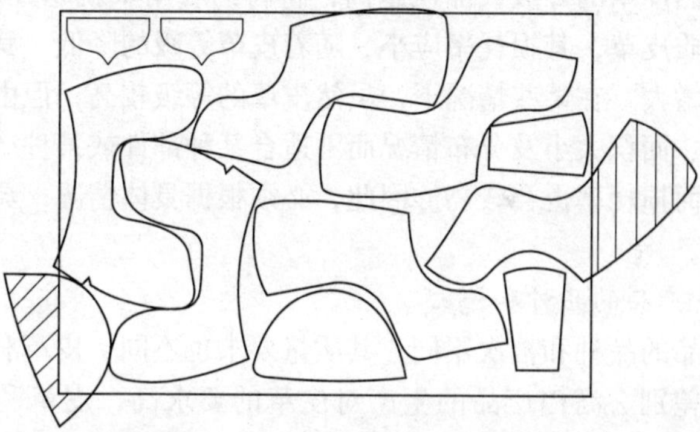

图 3—11　消耗定额的计算

消耗定额 = 单位产品净用量 + 单位产品损耗量

= 单位产品净用量 ×（1 + 损耗率）

四、损耗率的主要影响因素

1. 部件的大小及形状

大块部件（如高腰靴靴筒、整帮式鞋的前帮等）的面积大，位于鞋靴的明显部位，因而不能带有明显的伤残，致使其皮革的利用率较低，即损耗率较高。而小块的部件（如条带、鞋舌等）的面积小，容易避让和利用伤残，因而皮革的利用率较高，即损耗率较低。

损耗率的大小与部件的形状也有关系。部件的形状规整，则容易进行套划，出裁率则大；部件形状不规整，则不易进行套划，出裁率则低。例如，传统的三接头式鞋的包头线为一直线或近似直线，而意大利的式样中还有燕尾式，相比之下前者容易进行套划，损耗率较低；后者不易进行套划，损耗率较高。

对于某种产品，由于其部件大小或形状的原因而不易进行套划时，可以将两种或三种产品进行混合套划。

2. 天然皮革的等级与品质

天然皮革的等级或品质越高，材料的利用率就越大。因此，对于优质皮革，其损耗率应小。随着皮革等级的降低，其损耗率也相应增大。在某些情况下，虽然皮革的等级较高，但由于伤残的深浅、面积大小及分布情况而不适合某种部件或某种产品的套划，因而损耗率也会较高。因此，必须根据具体情况，灵活调整损耗率。

3. 产品的品种和档次

产品的品种和档次不同，其质量要求也不同，皮革利用率也必然有差别。高档产品的生产对皮革的要求高，皮革利用率较低，损耗率则较高；而低档产品的生产对皮革的要求不高，因而其利用率较高，损耗率较低。某些产品，如劳保鞋要具有相应的保护功能（如防静电、防穿刺、防油、绝缘、防砸等）且符合基本的质量要求（如不开胶、不断线、不断底等），对外观的要求不高，因而皮革利用率较高。

4. 尺码大小

尺码不同，其消耗定额也不同。进行定码生产时，基本消耗定额的制定应该按照定码的平均尺寸进行。

目前，产品品种日益增多，制定消耗定额时，应综合考虑产品的档次、部件的大小和形状、皮革的等级与质量等因素，灵活调整皮革的损耗率，制定准确、合理、实用的消耗定额，努力降低生产成本，提高经济效益。

第四章　制 帮 工 段

鞋帮装配是鞋类加工过程中最重要的组成部分，是指经过技术加工、整型处理的鞋帮零部件，通过一定的工艺手段，将其连接，组装成整体鞋帮的全过程。在制鞋企业中通常把有关鞋帮装配的工序合起来，称为制帮工段，并把它们安排在同一个车间，这个车间称为制帮车间或针车车间。

第一节　制帮工段生产设备的认识和使用

目前，我国制鞋企业的缝纫设备是各种电动的工业缝纫机（俗称针车），针车有单针高头缝纫机、双针高头缝纫机、曲线缝纫机（俗称万能车）、平缝机、锁边机等。为了提高工效，设备生产企业或制鞋企业还在缝纫设备上安装各种小型辅助工具，如卷边器的安装可以使包边与缝纫同步进行。

一、各种常用针车的认识

1. 平缝缝纫机

平缝缝纫机（见图 4—1）适用于服装、鞋帽、皮件、箱包等薄、中、厚料件的缝纫。其优点是高速、单针、直线锁式线迹，倒顺机构缝纫，操作灵活方便，运转平稳，缝线牢固，线迹美观。

2. 单针高头缝纫机

单针高头缝纫机采用单针、滑针排线，立式旋梭色线，立柱式缝台及滚轮压脚，适用于皮革、箱包、鞋类、皮包等的缝合作业及转角缝纫。单针高头缝纫机 810 如图 4—2 所示，单针高头缝纫机 861 如图 4—3 所示。

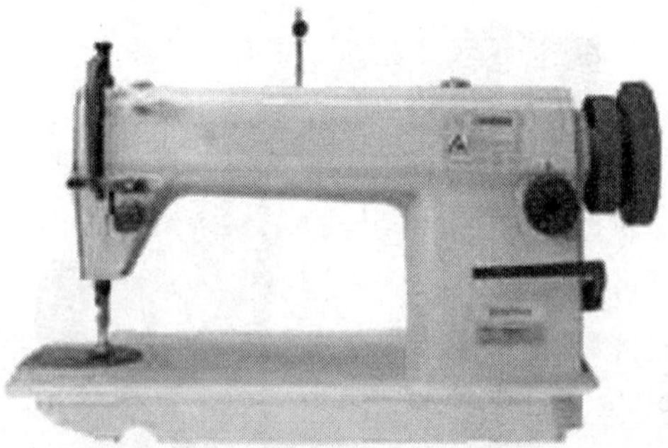

图 4—1　平缝缝纫机

图 4—2　单针高头缝纫机 810

3. 双针高头缝纫机

双针高头缝纫机采用双针，双滑针排线，双立式旋梭色线，双立柱式缝台及滚轮压脚，适用于皮革、箱包、鞋类、皮包等产品的缝合作业及转角缝纫。双针高头缝纫机 820 如图 4—4 所示，双针高头缝纫机 862 如图 4—5 所示。

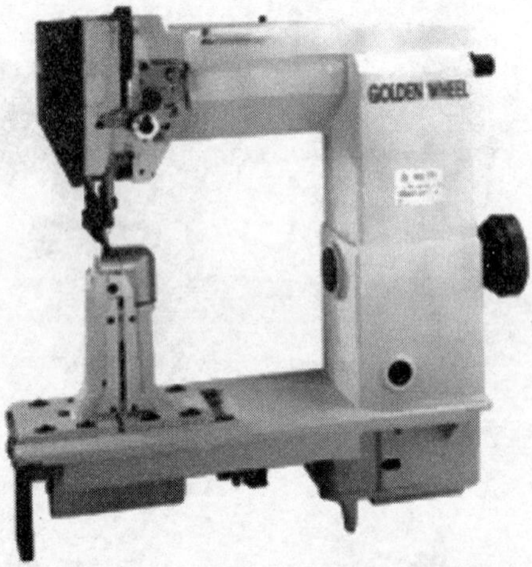

图 4—3　单针高头缝纫机 861

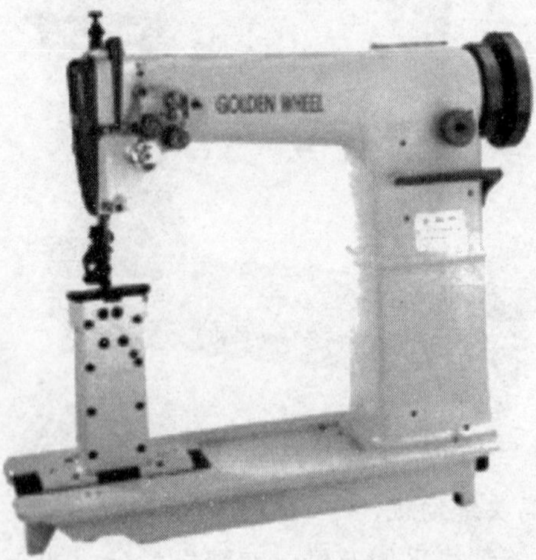

图 4—4　双针高头缝纫机 820

图 4—5　双针高头缝纫机 862

4．拼梭缝纫机

拼梭缝纫机（见图 4—6）又称人字缝纫机、曲线缝纫机可在薄、中、厚料件上做直缝、曲缝、拼缝、包边缝、花纹缝等作业，针位可左、中、右调节，一机多用，能形成丰富多彩的装饰图案。

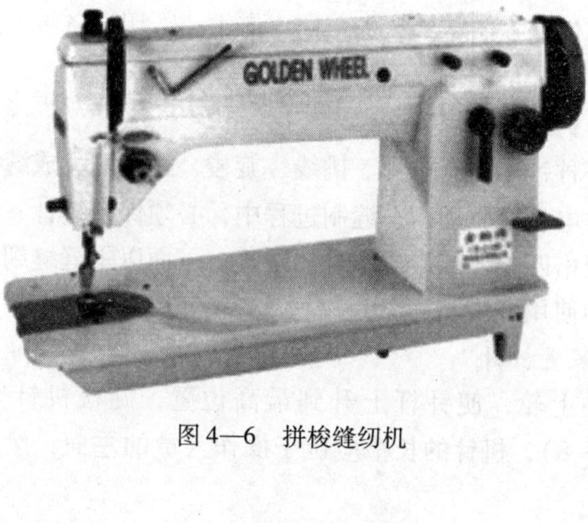

图 4—6　拼梭缝纫机

5. 电脑缝纫机

电脑缝纫机（见图4—7）适用于厚薄不同的各种棉、化纤等面料，能绣出记忆在其中的图案，可自检上线、断线，自动停止。利用外部控制旋钮可在200～2 500 r/min范围内任意控制缝纫速度。

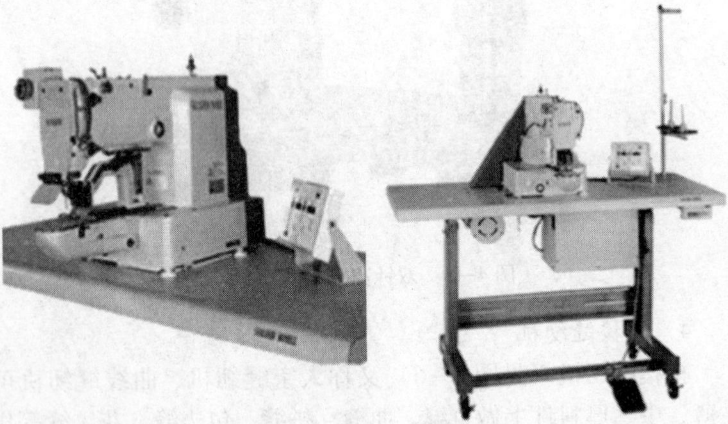

图4—7 电脑缝纫机

通过以上介绍，可对常用针车设备有比较直观的认识。每一种针车都使用在制帮工艺的不同工序中，专用设备极大地提高了生产效率。

二、针车的使用方法

每一种针车都有机针、挑线、旋梭、送布四大成缝机构，这些机构由电动机驱动。在缝制过程中，必须保证缝针、缝线、缝料三者规格匹配才能形成正确的线迹。下面以平缝缝纫机为例说明针车的使用方法。

1. 装置机针

转动上轮，使针杆上升到最高位置，旋松机针紧固螺钉（见图4—8），机针的长槽应位于操作人员的左面，然后把针柄插入针杆下部的针孔内，使其碰到针杆孔的底部为止，再旋紧机针紧固螺钉，以固定机针。

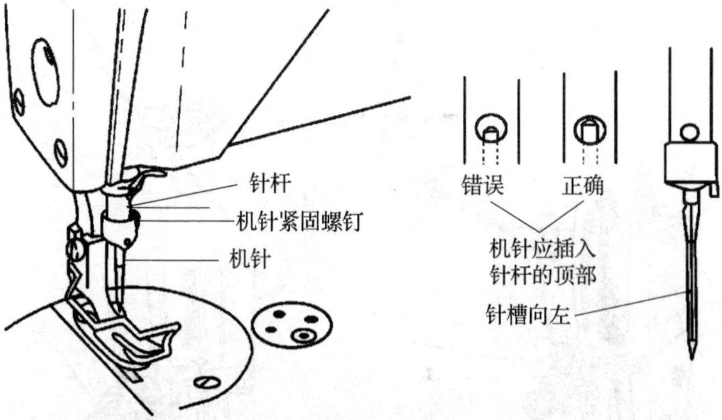

图 4—8　装置机针

2. 穿面线和引底线

穿面线的顺序如图 4—9 所示。自线团来的面线，先穿入顶部的过线板的右孔中，经过夹线板，自左孔中引出，再经过三眼线钩的三个线眼，向下套入夹线器的夹线板之间，再勾进挑线簧，绕过缓线调节钩，向上勾进右线钩，再穿过挑线杆的线孔，然后向下勾进左线钩、针杆套线钩、针杆线钩，最后将缝线自左向右穿过机针的针孔内，并引出 10 cm 左右的线头备用。

引底线时，先将面线捏住，转动上轮，使针杆向下运动，并回升到最高位置。然后拉起捏住的面线线头，底线即被牵引上来。最后把底、面两根线头，一起置于压脚下面。

3. 绕梭心线

把梭心插入绕线器轴的顶端上。自线团来的线，先穿入过线架的线孔中，再夹入两块夹线板的中间，然后把线头在梭心上绕几圈，把满线跳板向下掀压，绕线轮即压向皮带，在缝纫过程中就能自动绕线。梭心绕满后能自动跳开并停止。

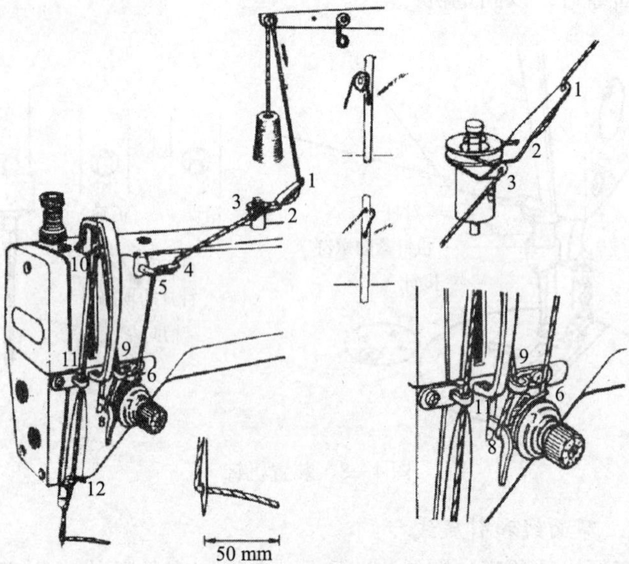

图 4—9　穿面线的顺序

1—过线板　2—夹线板　3—三眼线钩　4—夹线器　5—挑线簧　6—缓线调节钩　7—右线钩　8—挑线杆　9—左线钩　10—针杆套线钩　11—针杆线钩　12—机针

梭心线应排列整齐而紧密，如果排列不紧，可以加大夹线板的压力；如果排列不齐，则要移动过线架的位置进行调整。调整时，先松开机针紧固螺钉，然后左右移动过线架，使之自动排列整齐后再紧固。梭心线不要绕得过满，否则容易散落。一般绕到小于梭心外径 0.5 ~ 1 mm 即可。绕线量可用满线跳板的螺钉加以调节。

4．穿梭子线

将绕满底线的梭心放入梭子内，如图 4—10 所示。把线头拖进线槽中，使线头滑入梭皮的下面，再将其拖进梭皮端部的导线孔内，最后引出 100 mm 左右线头备用。

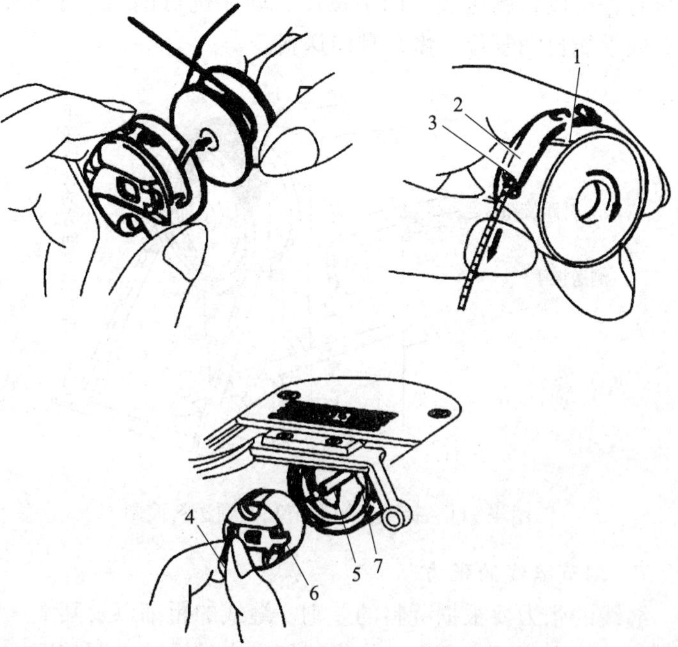

图 4—10　穿梭心线、装梭子

1—梭心　2—梭皮　3—线槽　4—梭门盖　5—轴心　6—梭子　7—梭壳

5．装梭子和取出梭心

捏住梭门盖，把梭子插入旋梭架的轴心上。放下梭门盖，推动梭子，使梭门闩住轴心端部的槽口。观察在上轮转动时，梭子是否闩牢，如图 4—10 所示。

取出梭心时，转动上轮，将针杆升到最高位置，拉开推板，将梭子的梭门盖扳开，即能取出梭子。然后将梭门闭合，再将装有梭心的一端向下，梭心便自行落下。

6．调节针距长短和控制倒顺送料

针距的长度可以通过转动针距旋钮来调节，如见图 4—11 所示。逆时针转动，针距调长；顺时针转动，针距调短。需要倒向送料时，可以将倒送扳手向下按压，即能进行倒送。手放松后，倒送扳手能自动复位，恢复顺向送料。

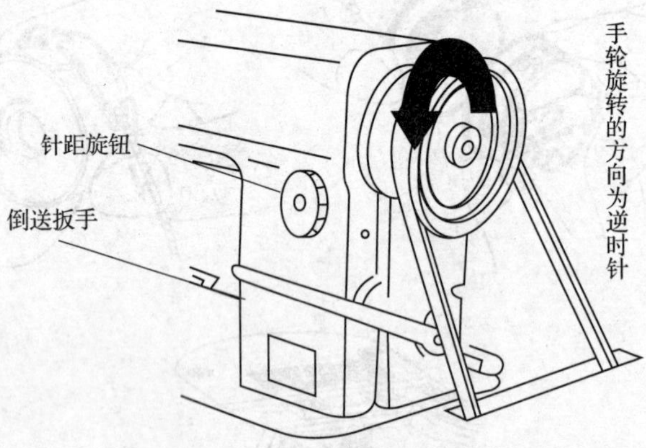

图 4—11　针距长短调节和倒顺送料控制

7. 调节缝线的张力

缝线的张力要根据缝料的差别、缝线的粗细以及其他一些因素而变动。在实际应用中，依据缝纫出来的线迹来调整底、面线的张力，使之能得到正常的线迹。

（1）挑线簧的调节（见图 4—12）。挑线簧的张力一般在 0.2 N 左右。其摆动范围为 7 ~ 10 mm。缝纫特别薄的缝料（短针距），则要减弱挑线簧的张力并放宽其摆动范围。缝制特别厚的缝料则相反。

调节挑线簧的摆动范围时，可以先松开紧固螺钉，然后转动夹线器，以调节其摆动范围。夹线器顺时针转动，摆动范围增大，反之则减小。最后再将机针紧固螺钉拧紧。挑线簧的张力也可以进行调节。调节时，先松开机针紧固螺钉，将夹线器整个取出，再松开另一机针紧固螺钉，这时，夹线螺钉就能转动，顺时针转动时，张力增加，反之则减小。调节好后，按同样的方法将夹线器装好。

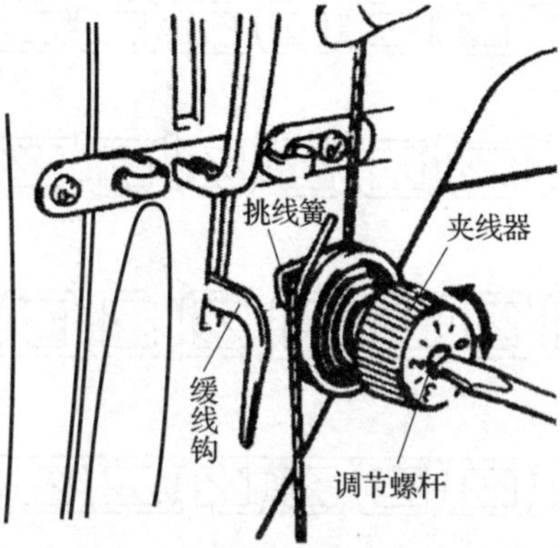

图 4—12　挑线簧的调节

在一般情况下，机器在出厂前，挑线簧均已调整好。因此，只是在缝纫特殊的缝料或使用特殊缝线时，才需要重新进行调整。

（2）底面线张力的调节。面线、底线绞结如图 4—13 所示。缝纫物的线迹如图 4—13a 所示，针码必须松紧适当，上下线咬合点位于缝合物厚度的 1/2 处。如果线迹不正时，应对底、面线的张力加以调整，使之能达到正常的线迹。

如果面线太紧，底线太松，如图 4—13b 所示，则应逆时针旋转夹线螺母，以减小面线的压力，并用小旋具旋紧梭皮螺钉，增加底线的压力。

如果面线太松，底线太紧，如图 4—13c 所示，则应顺时针旋转夹线螺母，以加大面线的压力，并用小旋具旋松梭皮螺钉，减小底线的压力。

如果出现图 4—13d、图 4—13e 所示的底线、面线均过松的情况，可以参照上述方法进行调整。

1）正常线迹。底、面线交锁在缝料中部。

2）面线紧、底线松的线迹。缝线交锁部分在缝料的上面。

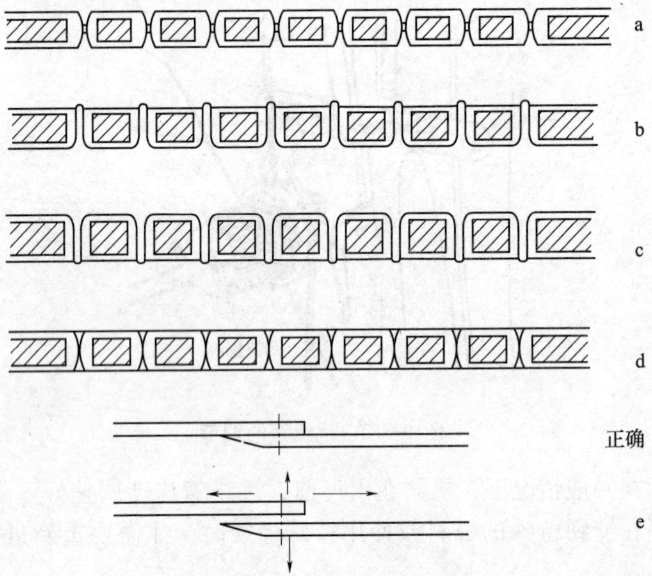

图 4—13　面线、底线绞结示意图

3）面线松、底线紧的线迹。缝线交锁部分在缝料的下面。

4）面线、底线均松的线迹。缝线虽然交锁在缝料中部，但底线、面线浮在缝料的表面上。

5）面线、底线均紧的线迹。缝线虽然交锁在缝料中部，但底线、面线很紧地嵌入缝料。

8. 调节压脚压力

压脚的压力要根据缝料的厚度加以调节。缝纫厚料时，应加大压脚的压力。这时，可以将机头顶部的调压螺钉按逆时针（厚）方向转动。反之，缝薄料时，可按顺时针（薄）方向转动调压螺钉，以减小压脚的压力。

压脚的压力，应以能正常推送缝料为度，尽量减轻一些。

9. 调节线钩

根据缝纫物的厚度和针距长度调节好线钩的位置后，能使缝纫的线迹更为整齐。在缝纫厚料时，松开螺钉，将线钩向左移动，以增加线量；在缝纫薄料时，则往右移动线钩，以减少线量。

三、常用针车的保养与简单故障的排除

每台缝纫机都会受灰尘污染与高速车缝的磨损，有必要每日进行清洁与保养，当更换底线时应在车心之内滴入一些滑润油（如果为自动供油系统则可免）。此外，每日应清洁车心1～2次，或更多次（例如在工作休息中），做好整台针车的每日保养工作。

1. 针车维护工作

（1）缝纫机清理

1）送布牙的清理。拆下针板和送布牙之间的螺钉，清除布毛、灰尘，并加少量缝纫机油。

2）梭床的清理。梭床是缝纫机工作的核心，也是最容易出现故障的地方，因此，要经常清除污物并加少量缝纫机油。

3）其他部位的清理。缝纫机的表面和面板内的各部位都应经常清扫，以保持洁净。

（2）缝纫机加油润滑。必须使用专用的缝纫机油。缝纫机连续使用一天或几天后就应该全面加一次油，如果在使用之间加油，应使机器空转一段时间，使油充分浸润并甩出多余的油，再用洁净的软布将机头和台面擦干净，然后穿线缉缝碎布，利用缝纫线的运动擦净甩出的油，直到碎布上没有油迹为止，再正式缝制。

各加油孔与加油部位的加油量不必过多，用小油壶每次加1～2滴即可。需要加油部位有以下几个部分：

1）机头上的各个油孔，润滑上轴以及与上轴相连的部件。

2）面板内部的部件及各部件连接的活动部件。润滑压脚杆和针杆以及与其相连的部件。

3）机器板下部部件的活动处擦净并加少量的油。

（3）缝纫机保养的注意事项

1）工作完毕，将机针插入针孔板内，抬起压脚，还要用机罩盖住机头，以防尘屑侵入。

2）每天开始工作时，先检查主要机件，踏起来观察缝纫机运行情况，有无特殊声音，机针是否正常等，如果发现不正常现象，应及时检修。

3）机器使用相当长时间后，要进行一次大修，如果发现磨损较严重零件，要及时更换。

2. 常见针车故障排除

针车常见故障原因及处理方法见表4—1。

表4—1　　常见针车故障原因及处理方法

故障现象	可能产生的原因	处理方法
断针	1. 机针太细或缝料坚厚 2. 机针弯曲 3. 机针高低位置不对，方向错误 4. 缝纫时用力推拉缝件	1. 机针、缝线及缝料应搭配合理 2. 更换机针 3. 校正机针位置 4. 稍加扶持，切勿用力推拉
跳针	1. 机针与旋梭的侧隙和高低位置不对及方向错误 2. 机针弯曲 3. 针板容针孔太大，机针和缝料的厚薄不相称 4. 底线张力和压脚压力过弱	1. 按说明书标准校正 2. 更换机针 3. 针杆下降一点，以增加旋梭返回量（薄料） 4. 增加底线张力和压脚的压力
断线	1. 缝线质量不好 2. 机针与缝线粗细不相称 3. 过线部位表面粗糙 4. 夹线力过紧 5. 机针位置装错 6. 机针过热，熔断化纤线 7. 底线张力太弱	1. 换用优质缝线 2. 选择匹配的机针与缝线 3. 换新零件，抛光过线处 4. 放松夹线螺母 5. 校正机针和旋梭的配合及位置 6. 冷却机针 7. 调整底面线张力

续表

故障现象	可能产生的原因	处理方法
浮线	1. 旋梭质量不好，安装位置不正确 2. 机针太线 3. 送布牙太低 4. 面线张力弱 5. 压脚有问题 6. 挑线簧张力弱	1. 换新旋梭，增加旋梭返回量 2. 选用粗机针 3. 抬高送布牙 4. 增强面线张力 5. 减小压脚沟槽的根部离针距离，换压脚 6. 增大挑线簧的张力
线迹歪斜	1. 面线张力太大 2. 机针太细，或太粗 3. 机针安装不正 4. 针杆过线孔太大	1. 减弱面线张力 2. 选用适当的机针 3. 校正机针方位 4. 使用小孔的针杆过线
缝料起皱	1. 面线张力太强，挑线簧张力过大 2. 针板、压脚不光滑，配压不当 3. 送料牙运动快于针杆 4. 送料牙倾斜或太高（高于0.8 mm） 5. 机针太粗 6. 梭心太重 7. 针板容针孔太大	1. 减弱面线张力和挑簧张力 2. 抛光针板、压脚面，并调整压脚的压力 3. 将送料牙速度调到标准或略慢于针杆 4. 把送料牙调到前高后低，降低送布牙高度 5. 用细机针 6. 减轻梭心质量或换铝梭心 7. 用小孔针板

四、帮面制作中常用的其他设备

1. 削边机（见图4—14）

（1）功能。将材料压茬部位的边沿削出坡茬。

（2）操作说明

1）启动开关后，检查电动机运转是否正常。

2）启动开关时，不得同时踩踏板。

图 4—14　削边机

3）进行削边作业前，应先调整设定正确的削边斜度、宽度、厚度。

4）送料砂轮与刀刃之间的间隙，应依皮料厚度适当调整。

5）送料砂轮不可摩擦刀刃。

6）进行削边作业时，磨刀砂轮开关应置于原位（静止状态）。

7）机器未使用时，应断开电源。

8）每日下班时，应更换收集材料屑的垃圾袋。

2. 拉帮机（见图 4—15）

图 4—15　拉帮机

（1）功能。将帮面的帮脚与中底布车缝在一起。

（2）操作说明

1）操作人员须经车间班组培训合格后方可上岗。

2）使用 DP5 ×21 号车针或 DP5 ×18 号车针，使用一粒面线，操作前须将线按顺序穿好。

3）打开开关，脚踩踏板，向前微踏即可车缝，向后踏，即可停止。

4）右脚膝盖向右推压脚杆，可使机台上压脚抬起，然后用手抓好材料放下压脚即可车缝。

5）车缝拉帮机前，须先用报废的材料试车，以检视针车是否正常，是否有不良情形。

6）必须按制造工艺要求确实依照记号点，点位车缝，否则会造成帮面歪斜。

3. 热熔胶过胶机（见图 4—16）

图 4—16　热熔胶过胶机

（1）功能。将帮面的手工刷胶改为机械式自动上胶。

（2）操作说明

1）打开电源，进行胶槽预热，将胶槽温度调整至150～170℃，辊轮温度调到170～190℃，让热熔胶快速熔化，以便进行作业。

2）预热20～30 min，如胶量使用较多时，需要常加胶块。

3）根据材料厚度来调整过胶机，调到工作物通过涂胶辊时有适当压力即可。

4）在关机前5～10 min，可先将电源关闭，使涂胶辊及胶槽温度降低，以防止涂胶辊及胶槽中的热熔胶炭化。最后可关上辊轮开关。

5）设备运作时，禁止将手伸入流动区域，当物料卷入时，应先将辊轮开关关掉，再将物料取出。

6）当辊轮上有胶水时，应用针车油除净，以免隔日工作时胶水不均匀。工作台需要保持干净，不要让机台沾上胶水。

4. 打钉机（见图4—17）

（1）功能。在帮面制作中装配金属眼扣或眼钉。可自动连续装钉，生产效率高。

（2）操作说明

1）操作人员必须经车间班组培训合格后方可上岗。

2）使用前将工艺所要求的眼钉分别装入底钉与面钉的容器中，并疏通导钉槽，保证眼钉在导钉槽中滑动顺畅。

3）使用时先使用报废帮面试运转，检查眼钉是否平顺，是否有色漆脱落的现象，如有异常，可以让机修人员给予调整。

4）打钉时将帮面打钉处置于打钉机的导钉柱上，踩下踏板，完成一次打

图4—17　打钉机

钉作业。

5）在工作过程中，如有眼钉卡住，一定要先切断电源，确保设备不运转时，方可清除打钉机上的残钉。

5. 修边机（见图 4—18）

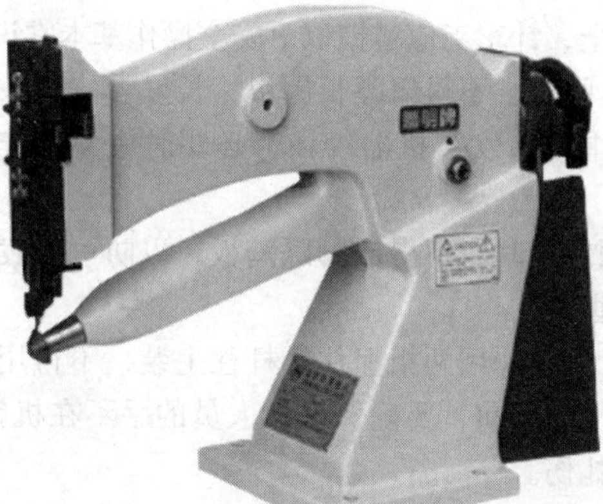

图 4—18　修边机

（1）功能。模拟手工用剪刀修剪边角多余内里，也可以用于橡胶大底生产时边角余胶的修剪。可连续进行修剪动作，使用方便，效率很高。

（2）操作说明

1）操作人员必须经车间班组培训合格后方可上岗。

2）修边前应检查设备刀口是否锋利。

3）按制造工艺书规定进行操作，要求手势得当。

4）修剪掉的余料用垃圾筐接住，不可掉落在地板上，下班前要及时清理。

5）修剪要平顺、整齐，不可出现锯齿状、破裂或断线，修眼套边时不可修断底线，但可剪破材料。

制鞋企业使用的专用设备还有很多，以上介绍的只是其中常用的设备。在实际生产中，由于工艺的不断创新，还将有更多的新式设备将被陆续研制出来为生产服务。

五、操作设备时的安全注意事项

制帮工段完成的鞋帮的装配与制作，所使用的大部分机器设备都是高速运转的电动设备，为了保证生产的正常进行和操作人员的人身安全，针车工应掌握以下安全操作基本常识：

1. 进车间时，不得佩戴长围巾，长发者应将头发盘起或扎起，以防围巾或头发被机器绞住，必要时应穿工作服、戴工作帽。

2. 使用针车时，不得赤脚踩踏板，以防可能发生漏电而造成的人身伤害。

3. 装针时，应用两指捏住针杆往上装，不得用手指肚向上顶针尖；每次缝纫前，要确保操作人员的手不在机针的正下方，以防被针尖扎伤。

4. 为了保证产品质量和操作人员的健康，不提倡疲劳操作。

第二节　制帮工段作业管理与品质管理

鞋帮部件经过加工后，便可以进行鞋帮的镶接、折捆边、缝合和帮部件的装饰美化等多道工序，最后制作出一双完整的鞋帮。

一、制帮工艺流程

在部件缝合之前，一般都需要将两个或多个部件临时黏合在一起，以满足帮部件装配的要求和便于缝合操作。这种将部件临时黏合定位的操作称为部件的镶接。部件与部件的边口相互重叠在一起时，其相互重叠的量称为压茬量或镶接量。部件镶接是部件缝合装配的辅助工序。

常见的镶接一般为两个或多个部件的组合，组合形式多为上下黏合。上面的部件一般称为上压件或镶件，下面的部件一般称为被压件、下压件或接件。由于镶接是缝合操作的前期工序和基础，镶接得准确与否将直接影响缝合及成品质量。因此，镶接操作必须严格按照样板或部件上的标志点进行，以确保成品符合设计标准以及批量产品规格一致。

正确镶接后即可进行缝合，帮面的缝合形式多种多样，在同一产品中可能会使用数种缝合方式。从基本结构形式上看，缝合方式主要有平缝法、压茬缝法、合缝法、压缝法、翻缝法、对缝法、包缝法、嵌缝法和手缝法等。

例如，运动鞋的帮部件和补强件多而杂，各针车线班组长应根据技术部提供的实物卡、现场工艺流程和生产订单，组织人员领料、安排生产，针对现场操作进行合理的调节。质量管理人员协助车管人员指导现场作业，核对材料，将现场的实际困难反馈给技术部，及时追踪解决并安排人员检查鞋面。运动鞋制帮工艺流程如图 4—19 所示。

二、作业管理

管理的目的是为了提高生产效率，使企业的利润最大化。本节将针车车间生产的各个工序归类整理出七个作业环节。如果每一个作业环节的管理都加以改善，那么对针车车间生产效率的提高一定会有帮助。

1. 配双作业

(1) 领料

1）领料员向准备组领料时，必须做好全号配双的正确点数。

2）鞋型有区分左右脚的部件时，应区分左右脚配件，并用橡皮箱捆绑，并点数无误。

3）配料、领料以及塑料周转箱装运，不同号码须使用不同的周转箱。

4）配件不完整的尺码不予领料。

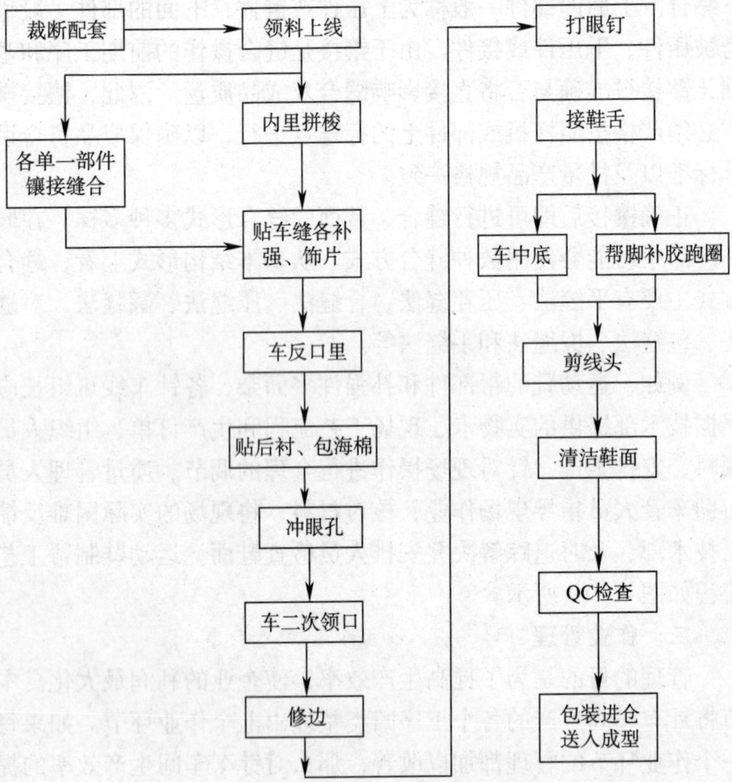

图 4—19 运动鞋制帮工艺流程

(2) 发料生产

1) 依派工单内的尺寸、数量配料，各配件须再次清点数量，并确认左右脚的部件是否正确。

2) 流程中要求各作业在收料时，检查工作传票及配件是否正确，若果不正确必须即时向发料员反映处理。

3) 若有配件故障或车缝造成损坏，即时向发料员反映并补足配件。

4) 针车主管及发料员须随时稽核抽验在制品品质、数量及配双状况。

(3) 半成品转移点交

1) 鞋面半成品需确实区分左右脚，以 10 双为一个捆绑单位。

2) 如有单脚情形，必须补足配双，否则不得移交半成品中心。

2. 车缝动作分析

车缝动作分析的目的是设定标准作业方法，以最省时、省力的动作为标准，通过对作业员的教导，发挥最佳的生产效率。

下面以使用平车缝合鞋舌与内里为范例进行动作分析：

(1) 同时取一叠鞋舌及鞋舌内里（依设定的配料数量）。

(2) 鞋舌放在右手位置，鞋舌内里放在左手位置。

(3) 将橡皮筋解开放在一旁。

(4) 同时用左右手的拇指及食指，各取一片鞋舌内里及鞋舌平放于车缝的准备位置，鞋舌在上，鞋舌内里在下，两片重叠对齐。

(5) 左右手同时捏住鞋舌及鞋舌内里送入压脚下（此时右腿触碰压脚靠板提起压脚），对准边距位置开始车缝（此时压脚已放下）。

(6) 若为当天第一次车缝项目，则用左手拇指、食指、中指捏住鞋舌及内里，右手捏住上线及底线的线头。

(7) 车缝的顺序为由右而左按其形状车缝。

(8) 当车缝至转角处，针必须插入缝料上，然后才能转动缝料而变换方向。

(9) 车完以上动作后，缝料稍往前拉出，并带出约 5 mm 线的余量（若缝料面积较大，线的余量应较多，才不会影响后面的车缝动作）。

(10) 车缝第二片时，重复第 (4) 项以后的动作。

(11) 该叠鞋舌均车完后，右手拿剪刀，左手扶着鞋舌（须往回拉靠近作业员)，将所有联结的线剪断。

(12) 将鞋舌叠整齐，用橡皮筋捆好，放入塑胶周转箱。

3. 车缝动作经济原则

(1) 人体的使用

1) 降低动作的等级。

2) 小配件的移动以滑动代替拿起。

3) 双手同时工作。

4) 以脚代替手的动作。

(2) 工作站的排列与状况

1) 所有的物料及配件放置位置应在正常的水平及垂直范围内。

2) 工作最好在正常工作范围内完成。

3) 将配件、剪刀预先排好固定位置。

4) 设定作业顺序，使作业员的动作自然而有节奏。

5) 工作站的高度要适当。

6) 减少作业人员寻找的迟疑时间。

7) 配件是否能预置以利于后续作业。

8) 配件是否放在最有利的位置。

(3) 机器与车缝作业

1) 车缝动作是否可以合并及简化。

2) 车缝停顿的动作有无必要。

3) 车缝转弯的停顿对准，能否在最短的时间用最少的动作完成。

4) 缝料放入压脚下开始车缝，是否先车 2 ~3 针后再重新握持缝料，或采用连续车缝动作。

5) 是否将整捆配件完成后一次完成剪线作业。

6) 相同工序的其他作业人员，操作方法是否相同。可进行分析比较，并得出最佳的动作组合。

(4) 工作简化的重点

1）用身体最小的部位工作。

2）物品放置的位置以最短的伸手距离为原则。

3）养成双手或手脚并用的习惯。

4）养成用眼睛余光观察四周的习惯，尽量避免转头的动作。

4. 发料数控作业

（1）备料区的配料作业应该掌握号码及配件数量，并核对派工单（工作传票）内容是否相符。

（2）若采用一次全部配料作业，必须在备料完成后再次复验确保无误。

（3）各配料置放周转箱内的位置应建立统一的样式。例如，鞋身片固定放在最右边，以利于目视管理。

（4）配件种类繁多时，应该尽量采取分次配料作业。

（5）作业员收到周转箱时，应协助巡视周转箱内的配件是否完整，先清点对自身所需车缝使用的配件，若数量有误应立刻举牌反映。

（6）每位作业员完成单元作业的在制品，应叠放整齐，以10 双为一单元，置放于周转箱内的规定位置。

（7）回数作业员的在制品时，发料员应进行数量清点工作。

（8）发料员及针车主管应该切实执行先进先出及先发先收的原则。

5. 领料数控作业

（1）领料员依据针车课长指示各尺寸的生产顺序填发领料单，并提前 2 h 向准备组及裁断组投单。

（2）每次领料数量以半天的生产数量为原则。

（3）领料时，依领料单数量、尺寸和准备组发料员当面对点，核对各尺寸及配件数量是否正确并签认。

（4）不同尺寸须以周转箱区分（若按配件类别装周转箱，每周转箱以装 200 双为原则）。

（5）鞋面各项配件的捆绑单位数量须统一（以10双或20双为一单位为佳）。

（6）领料员领料时须备指令表，以便核对鞋面各项配件项目是否正确。

（7）领料员须每日统计领料数量并过入总表，并核对指令表的各号码指定数量是否相符。

（8）针车主管每天须不定时抽验领料的数量，检查鞋面配件是否完整正确。

6. 补料作业

（1）补料时机

1）制程中欠料（配件）时（含作业损坏）。

2）批次鞋面结束，转交半成品仓库的数量与指令不符时。

（2）补料作业方法

1）当领料点收数量不符时，要求立刻补足方予领料。

2）依设定的预补数领存备用，制作过程中产生不良部件必须更换时使用。

3）每日制作过程中的损耗及QC验退的报废品必须做好记录，进行报废品处理，并进行批次累计。

4）批次结束时，核计完成数与指令数的实际欠数（须核对报废品记录，以便追查其他异常原因），扣除剩余的预补数，即为实际需要补料的数量。

5）开补料单及补数作业。

7. 派工单应用管理

（1）依制造通知单的配数，填写派工单的流程顺序（流程太多可分两中，不同批号派工单用不同颜色管理），并标明数量。

（2）派工单一律置于塑胶周转箱外侧的派工袋内。

（3）领取针车全部配件，以塑胶周转箱与派工单管理针车作业，针车须依流程的顺序操作。

（4）每位作业员完成每一周转箱的个人作业后，在派工单上签名并撕下该作业栏的其中一项，作为作业考核及计件薪资的凭据。

（5）针车操作完成后，鞋面及派工单转发料员核对数量后送交品管组检验品质。

（6）品管人员依派工单的资料核对品质状况并记录异常（包括派工单号码、操作者号码、尺码、异常项目、异常数量等），连同不良品交给针车主管送针车作业员修改。

（7）数控员将完成检验的合格鞋面，区分号码及左右脚，每10双绑成一束，并累计完成的总数量，装入塑胶袋内，收回派工单，将鞋面转交半成品仓库。

三、品质管理

帮面的品质在制鞋企业中是最不容易控制的。因为材料、设备、工人熟练程度等问题都能对帮面生产过程中的任何一道工序的品质造成影响，而针车帮面生产过程中又要经历几十道甚至上百道工序过程。要对每一道工序的品质都加以控制，才能保证生产出合格的产品。

1．针车车间品质检验方法

缝制好的帮套由检验员根据产品的质量标准，对照实物标样进行检验。检验以目测、手摸等感官检验为主，以测量工具检测为辅，对帮套进行逐双检验。

2．针车产品的主要检验内容

（1）帮面。同双鞋帮面的粒面粗细、色泽、厚薄、软硬程度、绒毛长短等均匀一致；伤残缺陷的利用符合规定要求，无严重影响外观和内在质量的加工缺陷；前帮质量优于后帮，外怀质量优于里怀；商标的缝制及装饰件的安装牢固程度。

（2）帮里。里部件的镶接及缝合平整无皱，无缺边少料现象；帮里清洁无污，平伏于帮面而无皱褶；边口形体光滑、顺畅，无明显的加工操作伤残；后帮质量优于前帮，里怀质量优于外怀；印号字体大小一致，字迹清晰，位置对称且准确。

（3）缝线。针码密度、缝线距边距离、并线间距等缝合指标均匀一致且符合产品质量标准；无并线交叉、浮线、跳线、断线、漏缝等加工缺陷。

（4）结构。同双鞋的帮部件镶接、缝合牢固，结构、形体对称一致。

3. 车缝品质管理重点

（1）针距、边距依鞋型不同应严格要求，如采取排线方式操作，整双鞋面的针距应尽量要求一致。

（2）鞋面、内里、接口贴合处应注意贴合位置，真皮鞋面贴合处应削薄。

（3）如鞋型需打鞋眼孔时，打孔位置应统一。

（4）修内里需平整不可有发齿的情形，且不能伤及面皮及车线，情形轻微者，其皮面损伤部分，可以补漆修整，严重者报废。如使用内里修边机，应谨慎操作，避免伤及内里及车线。

（5）使用烘线机烘线屑时，不可使皮料变色（鞋面为塑胶匹时，避免定点烘线过久以致面料烧焦）。

（6）使用港宝或热熔胶时，钳帮后不可有痕迹显露。面料较薄时，港宝边线最好以削边机加以削薄。

（7）后包片缝合后应先将接合部分予以轮开，再压皮条，则缝合部位的外观较平整，如为半合缝之后包片压皮条后有皱纹出现，则要重开纸板或在车缝时多车上 2 针。

（8）制作真皮女鞋时，折边应加补强带，目前新式折边机可在折边的同时夹入补强带，且补强带不需上白胶，可节省作业时间及人力。

（9）针号及缝线的号数均应符合工艺指示单的要求。

（10）各项接合部位应依照记号点及记号画的位置正确车缝，以免造成鞋面变形。

第三节　制帮工艺流程实例

实训一　运动鞋制帮工艺流程实例

帮套装配的顺序不是固定不变的，而是需要根据鞋的结构、生产设备及工艺条件而改变的，运动鞋尤其如此。为便于缝帮工序的进行，有些企业甚至还具体规定了帮部件的缝合顺序（见图4—20）。

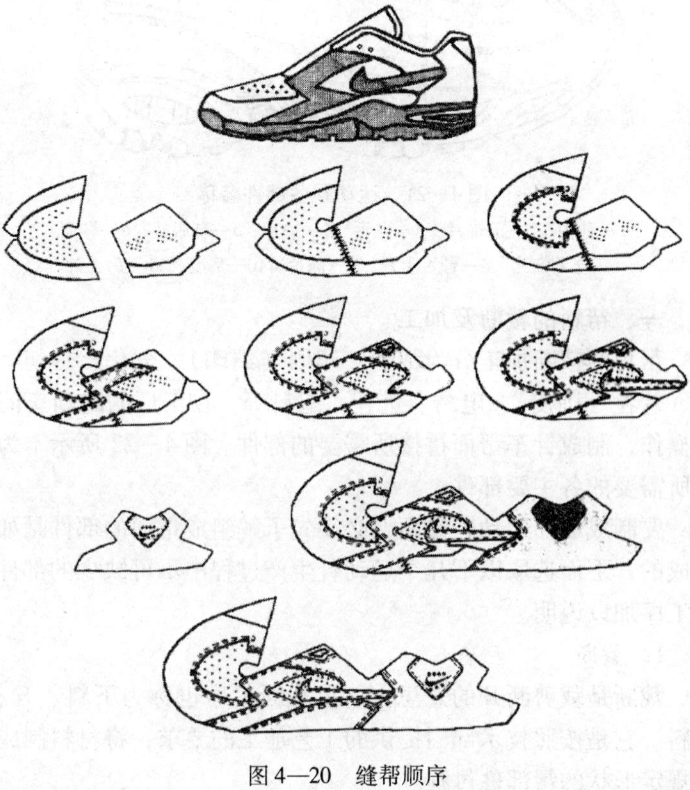

图4—20　缝帮顺序

运动鞋的工艺以胶粘工艺为主，与皮鞋工艺一样要经过帮料裁断、底料裁断、制帮、制底、帮底结合、成品的整饰、检验、包装等。

本节以图 4—21 所示款式的运动鞋为例，介绍其帮面总装的全过程。

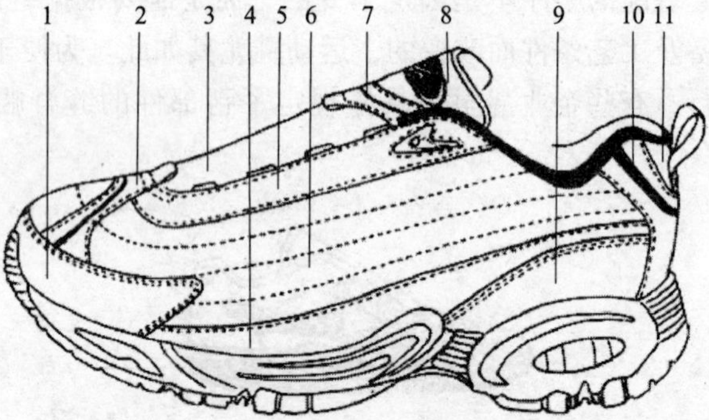

图 4—21　运动鞋各部件名称

1—鞋头　2—前饰片　3—鞋舌　4—护片　5—鞋眼片　6—鞋面
7—鞋舌饰片　8—鞋舌上片　9—侧片　10—后套　11—后上片

一、帮料的裁断及加工

帮料的裁断加工分为裁断、印刷（绢印）、分化、热切、高频、片茬（削皮）、电绣、进仓、配料等，在工厂的裁断车间进行操作，制成针车帮面拼接所需要的部件。图 4—22 所示本为实例所需要的各主要部件。

要制成成品运动鞋帮面，必须先了解组成帮面的部件是如何制成的，下面选取以下几个运动鞋生产过程中不可缺少的部件制成工序加以说明。

1. 裁断

裁断是裁剪断开的意思，所以裁断工序也称为下料、开料、断料。它是按照技术部门提供的工艺加工的要求，将材料制成各种规定形状的帮部件过程。

鞋头

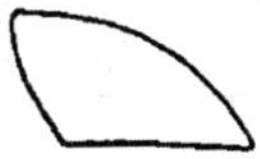

内外踝 侧片

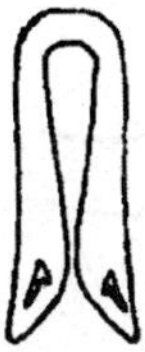

鞋眼片

鞋眼补强

鞋舌饰片

鞋舌上片

鞋舌

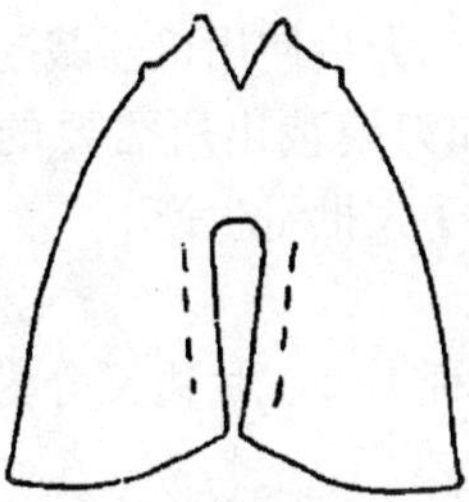

鞋面内里

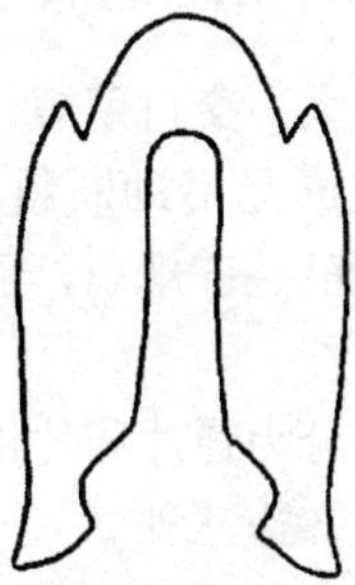

鞋面

舌泡棉

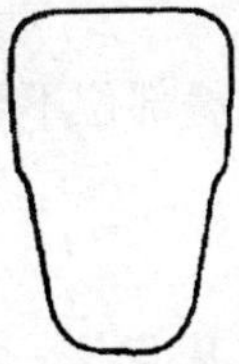

舌里

前饰片

前衬

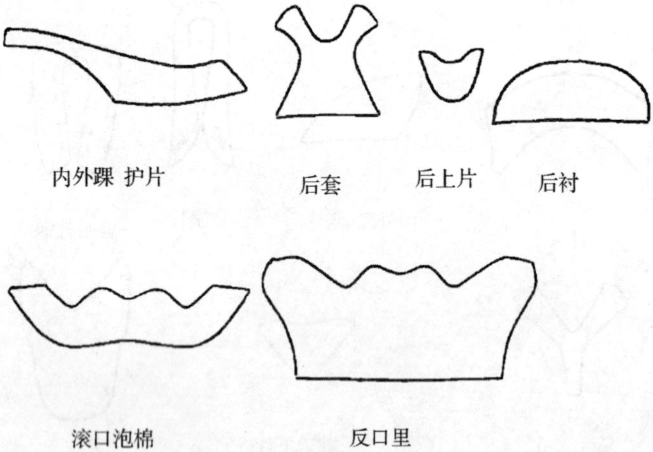

图 4—22　运动鞋各主要部件

运动鞋由于订单大，交付期短，工厂大量使用机器裁断以提高生产效率。机器裁断是借助断料机和刀模裁出所需要的帮部件。其生产的部件边沿整齐规矩，适合于大批量生产。

2. 削皮

削皮也称片料，分为通片和片边两种类型。片边又分为片折边、片压茬边和片剪齐边三种。

生产过程中最常接触的是片压茬边，该部件四周压茬部分削边 4 mm，留厚 0.7 mm，削边要均匀，削斜度，但不可削破鞋面。鞋面如图 4—23 所示。

部件片压茬边是为了在多部件组装时部件重叠部位不至于太厚，而影响产品外观及品质。

3. 定位

定位是确定针车生产中部件组合拼组的位置基准。一般使用样板划线或网板印刷，网板操作时一般先冲裁部件的镂空纸板用以固定位置，网板必须干净，网孔不得被油墨堵塞（油墨一般

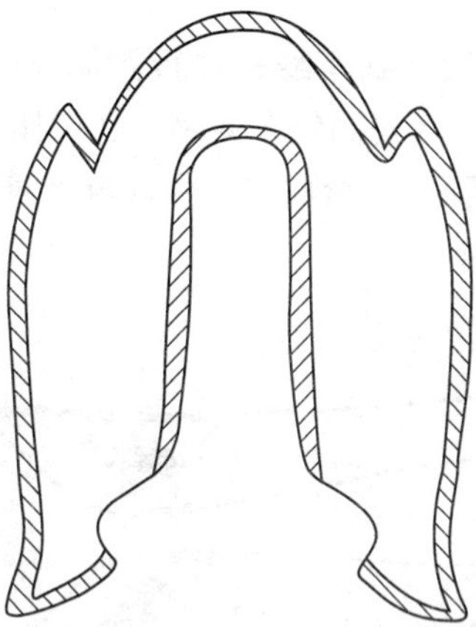

图 4—23　鞋面

使用线条灰、黑、白，其浓度又分为高、中、低三种），定位时注意线条位置正确清晰，不可歪斜，颜色正确，易于清洗，鞋面内里定位如图 4—24 所示。

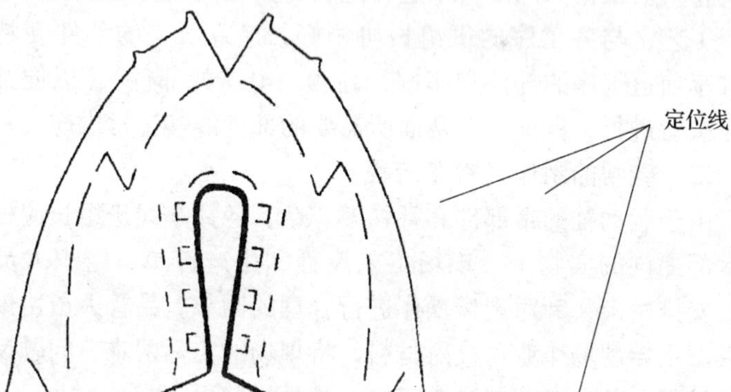

图 4—24　鞋面内里定位

4. 电绣、电脑车扣

电绣是利用电脑绣花机进行帮部件的绣花，主要是商标等装饰图案。

电脑车扣是利用电脑车缝机进行跑圈车有射出片的帮部件(见图4—25)，可大大提高针车效率。在操作之前，必须考虑跑圈位置，使用汽油胶等正确贴扣，可以防止漏车、车歪，此工序有时安排在针车之前。

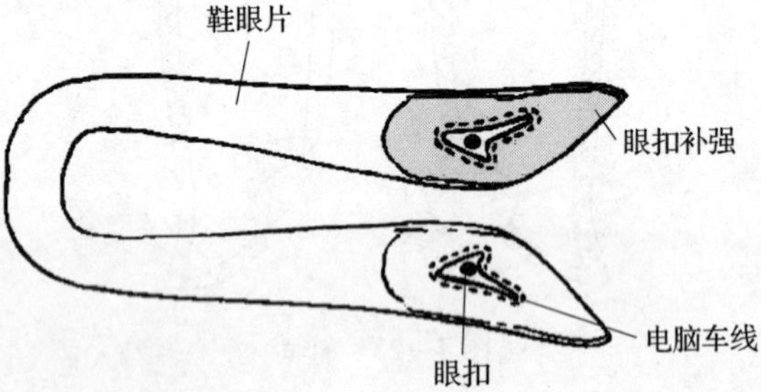

图4—25 电脑车扣

在裁断车间经过以上工序将要组成帮面的部件送到配料仓。配料仓人员根据内部配料单进行配料，其负责人应了解各订单的流程工艺，与各工序的班组长协调好，追踪所欠的部件（特别是针车前道工序的部件和印刷、高频、电绣的部件)，以便配套有序按时进行，保证针车帮面所需要的部件能够正常供应。

二、鞋帮的制作（针车流程）

由于运动鞋的帮部件和补强多、杂，各针车线班组长应根据技术部提供的实物卡、现场工艺流程和生产订单，组织人员领料、安排生产，针对现场操作进行合理的调节。品管人员协助车管人员指导现场作业，核对材料，将现场的实际困难、问题反馈给技术部，及时追踪解决并安排人员品检鞋面。

1. 鞋帮的镶接

镶接缝制前将帮部件按加工技术要求临时性黏合的过程，分为平镶和跷镶两种。镶接一般是对压茬部件、需要贴补强、射出片、织带等的部件的操作。镶接时刷汽油胶，上下两部件都要刷胶，按照涂样时标出的规矩点（也称定位线）进行，上压部件压住规矩点的一半，既不跑样，又能够显现出镶接的位置，贴平整。

2. 鞋帮的缝制

一般部件内部的缝线都是按照涂样时标出的规矩点（定位线）来操作，而靠近部件边沿的缝线是按照缝合线的边距与间距的要求来操作。

缝帮质量的要求为：线迹清晰，无跳线、浮线、断线等质量问题；线迹整齐，针码均匀一致，边距、间距符合要求；线迹流畅，直线正直、圆角圆滑、拐角有棱角，符合规矩点要求。

3. 运动鞋帮面组合实例

（1）帮面组装的准备工序，将鞋面内里与鞋身补强拼梭。针距 4 mm，1 英寸（2. 54 cm）约 7 步针，要拼平整，无皱褶。

（2）区分左右边，依次在鞋里（鞋面内里与鞋面补强拼梭而成）按一般针码边距要求，按定位线在内里上贴车补强，如图 4—26 所示。

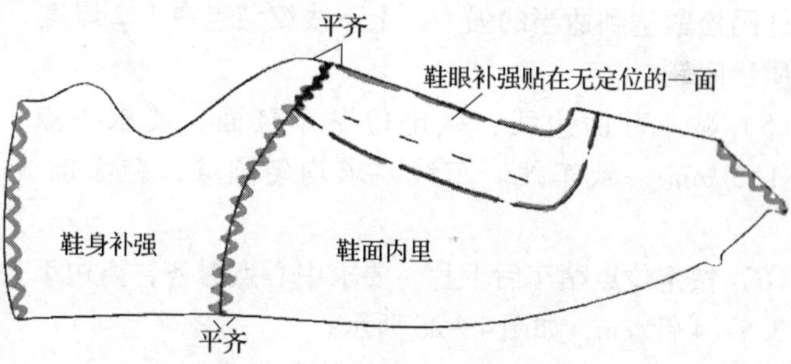

图 4—26　在内里上贴车补强

（3）车鞋眼织带，车织带时要车一个矩形小线圈，上下层车到位，外露误差不超过 0. 5 mm，左右对称，织带先不折入，如图 4—27 所示。

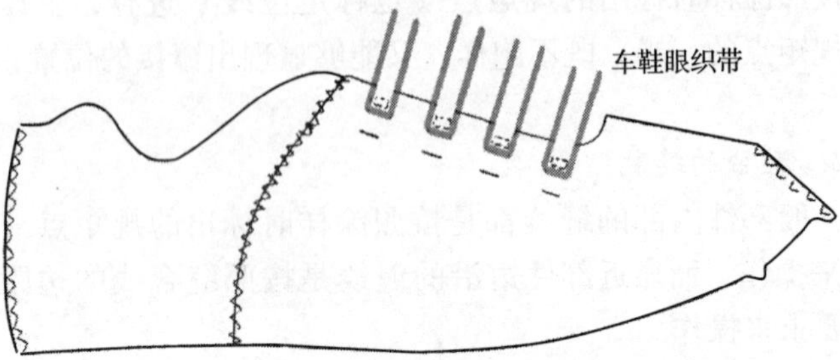

图 4—27 车鞋眼织带

（4）开始帮面部件的装配，帮面缝制时，缝双线，间距为 0.5 mm；缝三线以上，按要求制定或缝大离线，间距是 2 ~ 3 mm，并线间距也是 0.5 mm。合缝线边距为 0.8 ~ 1.5 mm，童鞋为 0.8 ~ 1.2 mm，女鞋为 1 ~ 1.2 mm，男鞋为 1.2 ~ 1.5 mm，两头要求倒针 2 ~ 3 针。针码控制：牛皮面革 6 ~ 7 针/cm，猪面革 5.5 ~ 6 针/cm，羊面革 5 ~ 6 针/cm，有涂饰层的皮料（如牛二层皮）或合成革 3.5 ~ 5.5 针/cm，根据实际情况，适当调整针码，针码过密容易损伤材料，针码过稀达不到缝合强力，并要调节针码松紧达到适当的强力，上下线绞结点在 1/2 厚度，无浮线等质量问题。

（5）贴车鞋面边线，接定位贴车鞋面，要求中点一致，离边 1.5 mm 一致车线。车线要求均匀圆顺，鞋面饰线先不车。

（6）按定位点贴车后上片，要求中心点对齐，离边 1.5 mm，针距 3.5 ~ 4 针/cm，如图 4—28 所示。

（7）贴后织带补强：在拼缝好的鞋身补强内面中心处按定位将后织带补强贴好，要求贴平整，无皱褶。

（8）按定位点贴车后织带（见图 4—29），外长内短错开 2 mm，车大柜型车线，车线要求均匀顺直，车牢固、端正。车后织带外露长度要一致。

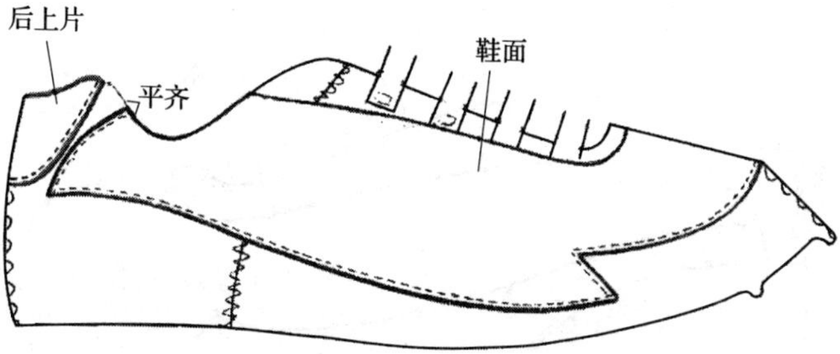

图 4—28　贴车后上片

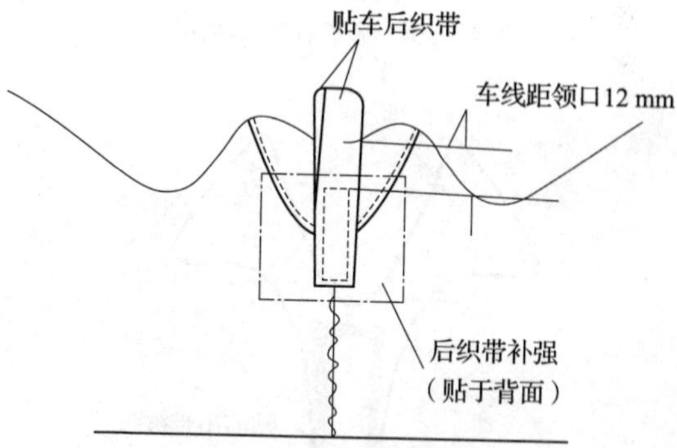

图 4—29　贴车后织带

（9）在帮面组装过程中需要另外加工的部件（如贴车补强或车扣），应按定位线贴平整，然后再车线，一般控制针码 3 ~4 针/cm，边距 1. 2 ~ 1. 8 mm，拐角要圆顺，无浮线跳针，如图 4—29 所示。

（10）按定位线将已经车好眼扣的鞋眼片贴车在帮面上（见图 4—30），离边 1. 5 mm 车线，要求车线均匀圆顺，无浮线、跳线，要车在眼口里。

（11）按定位线贴车护片内、外，注意定位齿要对齐。

（12）在前饰片作为前吊带的部分贴上吊带补强。要求贴平整，无皱褶（见图 4—31）。

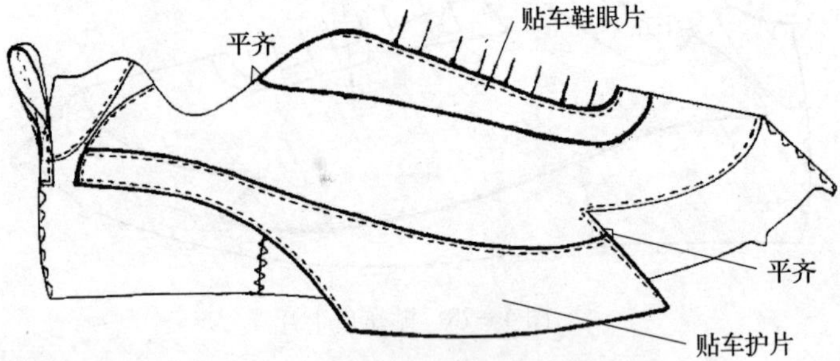

图 4—30　贴车鞋眼片和护片

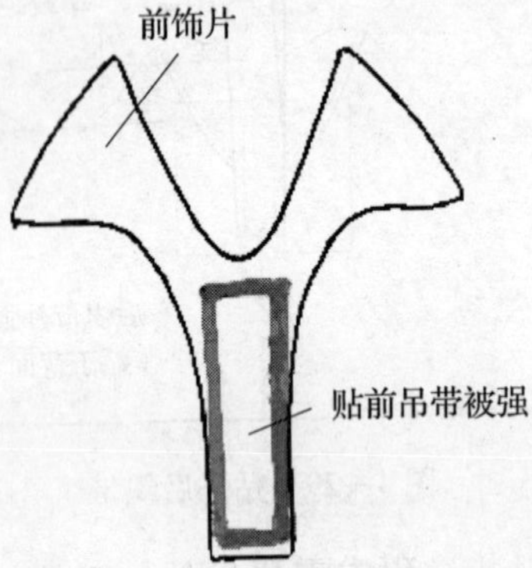

（7）

图 4—31　贴吊带补强

（13）车鞋面饰线及贴车前饰片（见图 4—32）。先在鞋面上按定位线车出装饰线，再将眼织带折入鞋面内里内刀中，整理平整，离边 1.5 mm 车眼片外圈，要求车线均匀，按定位线车。

（14）按定位线贴车饰片。要求距边 1.5 mm 车线，注意饰片用双针车，针间距 2 mm，帮脚处始终回车 2 ~ 3 针，无浮线、跳线。

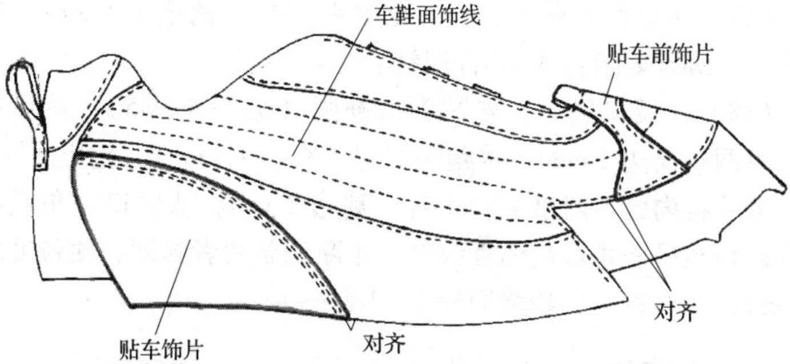

图 4—32　车鞋面饰线及贴车前饰片

（15）将前衬贴于鞋头，要贴平整，无皱褶（见图 4—33）。

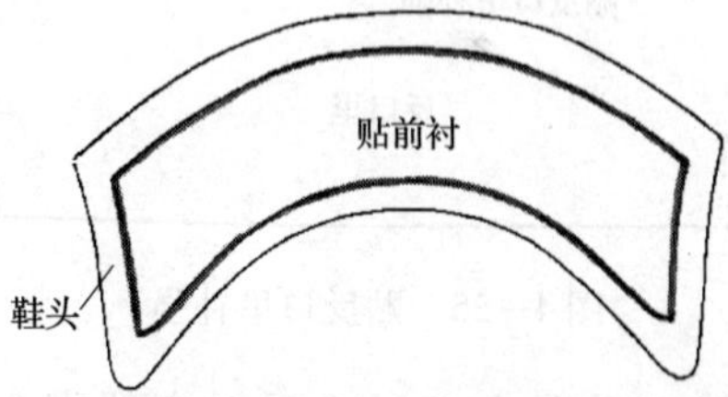

图 4—33　贴前衬

（16）按定位点贴车鞋头（见图 4—34），中点对齐，离边 1.8 mm 车双线，线距 2 mm，针距 1 cm 为 3.5 ~4 针，帮脚处始终回车 2 ~3 针。

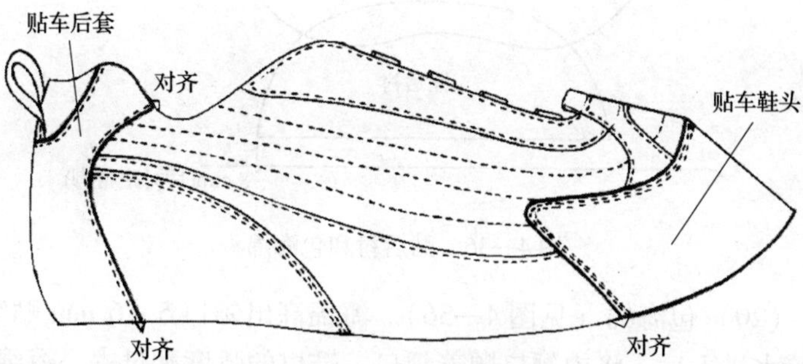

图 4—34　贴车鞋头和后套

（17）按定位点贴车后套（见图4—34），离边1.5 mm一致车线，帮脚处要求打3～4针回针。

（18）车反口里时，先贴领口补强（见图4—35），然后在反口里两端离边2 mm一致跑圈均匀（3～4针/cm），起止回针3针，最后将内鞋口对准领口上缘，离边2 mm，从领口一角最高弧度起针至另一角最高弧度收针，不断调整两者弧度，使弧度保持一致，左右齐高，始终回针2～3针。

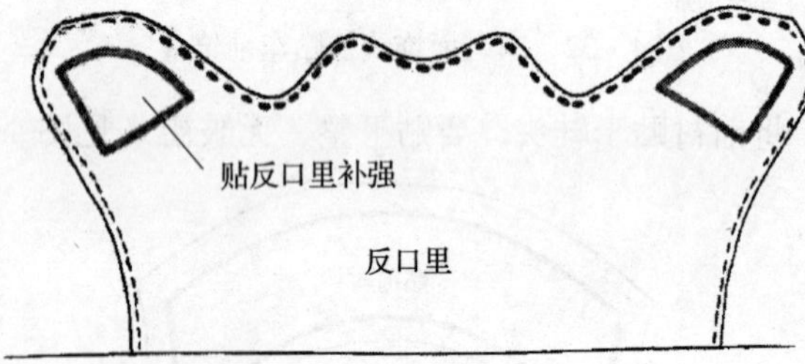

图4—35　贴反口里补强

（19）贴后衬（见图4—36）。后衬离帮脚8 mm刷胶贴平整。

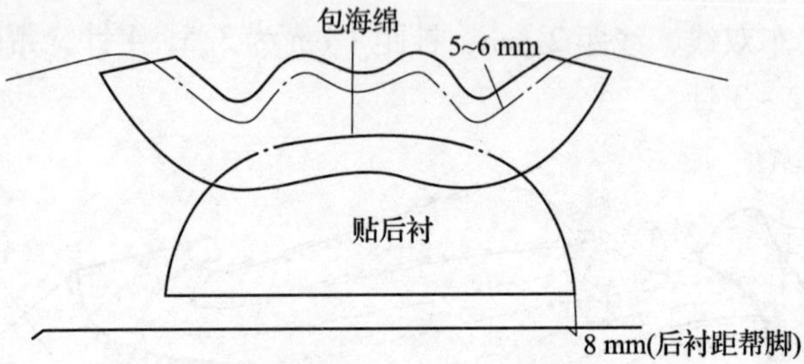

图4—36　贴后衬和包海绵

（20）包海绵（见图4—36）。海绵高出领口5～6 mm贴牢，待胶水烘干后，将内领口顺着领口、鞋口的弧度翻过去，海绵包结实、饱满，内领口贴平整。

至此完成了除鞋舌以外的帮面组装。接下来要进行冲鞋眼、上鞋舌等后期帮面制作工序。

（21）车领口（见图 4—37）。沿领口线车 2 次，始终回针 2 针，车前要将领口拉平贴好，内鞋口不可车皱。

（22）车后吊带（见图 4—37）。在车好领口后在后吊带下沿来回车 2 次，车透鞋里。

（23）冲眼孔（见图 4—37）。用适当型号的模具或冲子冲鞋眼，要打穿，眼屑要清除干净。

（24）上鞋舌（见图 4—37）。将做好的鞋舌放端正车双线回车 2 针，间距 1.5 ~2 mm。

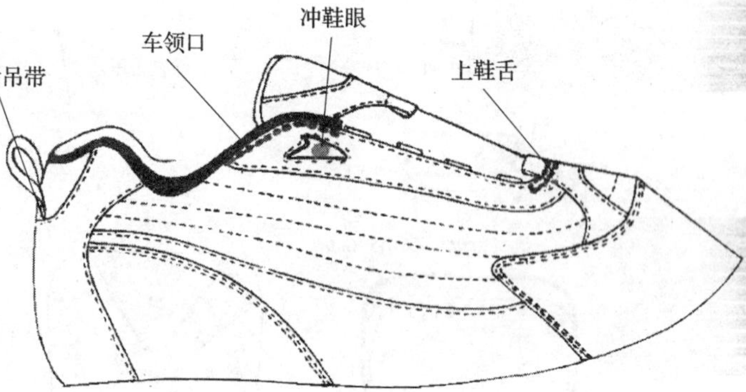

图 4—37　后期帮面制作

上鞋舌前，要车好鞋舌，车时一般先在鞋舌反面贴穿孔带补强、鞋舌补强，按定位线和外露规格车穿孔带和舌饰片，在舌里贴车号码标，然后将舌海绵放在舌面、舌里之上，并高出舌面和舌里 5 ~6 mm，舌面与舌里对齐，离边 2 mm 一致距圈均匀，回 2 针或 3 针。最后，将舌里翻出来，整理好，离边 1.8 mm 拼梭封口，舌里要车到。鞋舌制作流程如图 4—38 所示。

完成鞋帮的组装流程后，要对帮面进行修边、剪线头、清洁鞋面的工作。

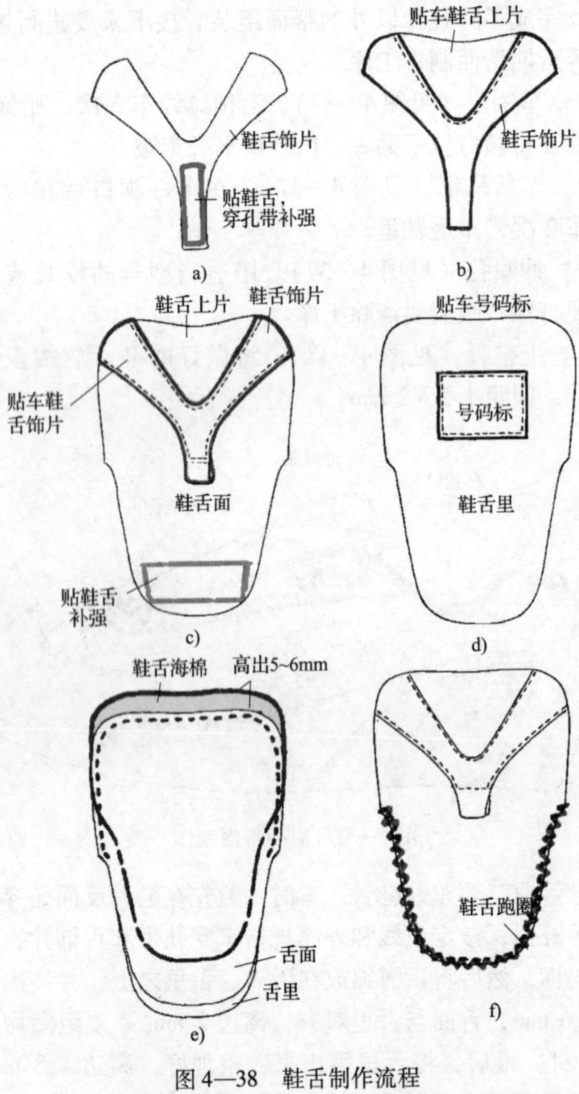

图 4—38　鞋舌制作流程

a）贴鞋舌，穿孔带补强　b）贴车鞋舌上片

c）贴车鞋舌饰片，贴鞋舌补强，车穿孔带　d）贴车号码标

e）包鞋舌海绵　f）鞋舌跑圈

将鞋眼口处多余的毛边修剪干净，不可剪断线或剪破面。剪掉帮面残留的线头，用水、酒精和橡胶块等进行擦拭来清洁鞋面。

最后请品质管理人员检查帮面，至此完成了整个帮面的制作过程。

实训二 皮鞋制帮工艺流程实例

一、帮料的裁断及加工

下面以三接头内耳式鞋款（见图 4—39）为例介绍皮鞋的制帮流程。

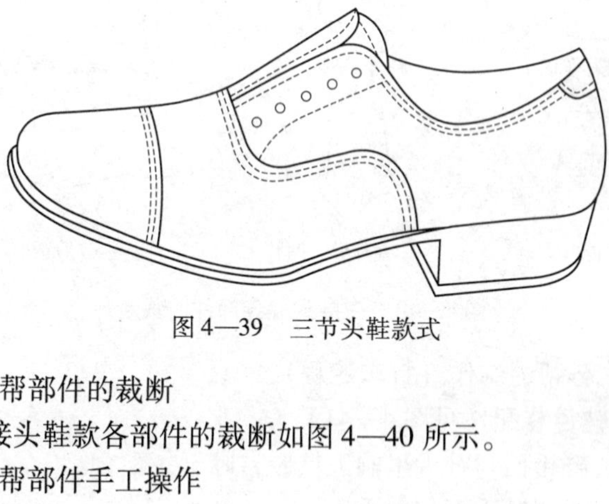

图 4—39 三节头鞋款式

1. 帮部件的裁断

三接头鞋款各部件的裁断如图 4—40 所示。

2. 帮部件手工操作

（1）前帮、中帮、后帮鞋耳需要折边的部位进行边缘片削。部件削边要均匀，厚度一致，不可削破材料。

（2）前帮、中帮、后帮鞋耳边缘部位进行刷胶、折边。

（3）折边注意事项：

1）折边部位依据规定尺寸加棉线进行补强。

2）直线型部件边缘折边要求折边后部件边缘要平直。

3）凸弧型部件边缘折边要求打褶细密、均匀，折边后的部件边缘光滑、自然、平伏，无棱角。

4）凹弧型部件边缘折边要求剪口的疏密、深浅程度一致，折边后部件的边缘平伏、光滑，无棱角、皱褶现象。

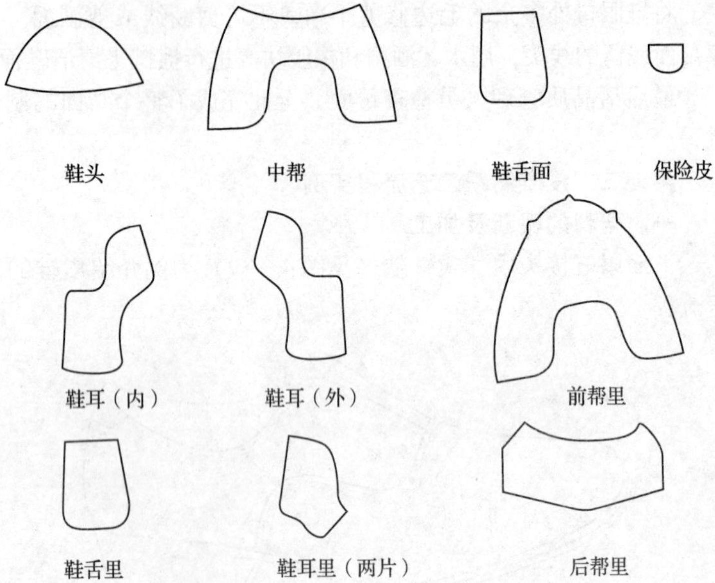

图 4—40　三接头鞋各部件的裁断

二、鞋帮的制作（针车流程）

1. 鞋舌装配（见图 4—41）

（1）鞋舌面与鞋舌里刷天然胶，晾干，黏合。

（2）踒镶鞋舌面与鞋舌里。

（3）采用平缝法沿鞋舌非镶接的三个边缘缉线，缝合鞋舌面与鞋舌里，缝线边距 6 ~ 7 mm。

（4）清鞋舌里。距缝线 2 mm 冲剪鞋舌里革余茬。

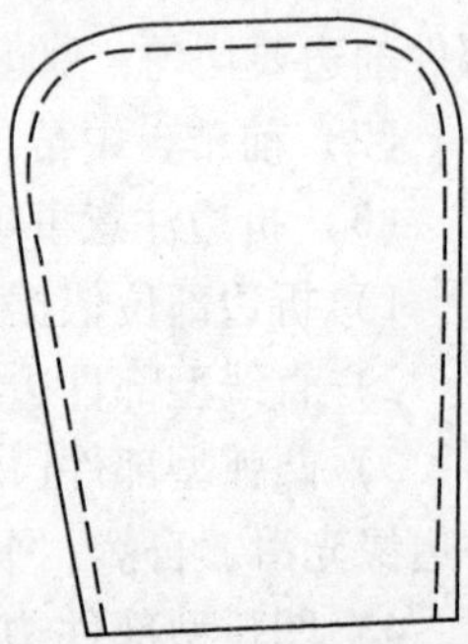

图 4—41　鞋舌装配

2. 后帮面组合

（1）合缝后帮中缝。缝线边距为 1.2 mm，起止处打 2 ~ 3 针回针。

（2）粘贴补强衬。将合缝处两部件

展开、敲平，刷胶粘贴补强衬布。

（3）缝后帮中缝补强线。在后帮面距后帮中缝线 1.5 mm 处，两侧各缉线一道，将补强衬布与帮面缝合在一起。

（4）缝保险皮。将桃形保险皮按标志点缝合在鞋帮后缝上口，缝线距边 1 mm。在保险皮上缝线的起止点均应超过后帮上口线 3 ~5 针，保险皮的尖角应对准后帮中缝处，保险皮上的标志点与鞋后帮上口边对齐。

（5）粘后帮保险皮。将保险皮高于后帮上口边的部分刷胶，折向鞋帮肉面，要包裹严实、紧密。

3. 后帮里组合

（1）合缝鞋里后帮中缝，合缝线边距 1.5 mm，起止处打 2 ~3针回针。

（2）在后帮面及后帮里的上口边缘部位刷天然胶，刷胶宽度不得超过 15 mm。

（3）将后帮面与后帮里的上口跷镶进行粘合，上口处里料超出面料 2 ~3 mm。

（4）口处里料缩进帮面 6 mm。

（5）缝后帮上口线。从后帮上口的前端开始缝合，缝线距后帮上口边缘 1.5 mm。

（6）清后帮上口鞋里，要求鞋里低于鞋帮面 0.5 mm，边口整齐，不可将缝线冲断。后帮组合如图 4—42 所示。

（7）后帮与鞋舌缝合。将两个鞋耳边缘对齐，把鞋舌放在鞋耳下面，鞋耳边平。

（8）分鞋舌，在鞋耳标志点的前面将鞋后帮压缝在鞋舌上，缝线宽度约为 2 mm。

4. 包头与中帮的装配（见图 4—43）

（1）包头与中帮按照标志点进行跷镶。

（2）缝鞋帮包头线。第一道线距边 1.2 mm，第二道线与第一道线为并线，线距为 0.5 mm。

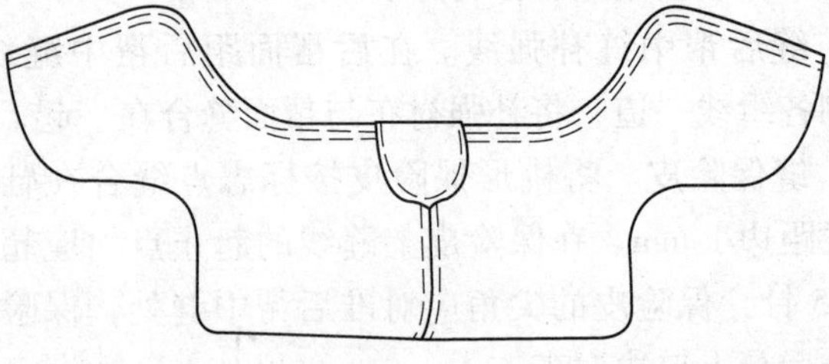

图 4—42　后帮组合

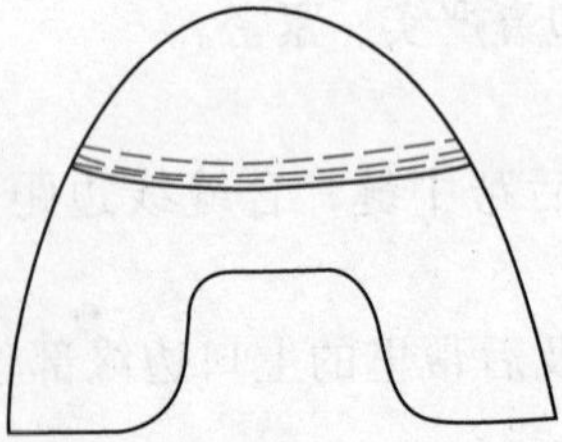

图 4—43　包头和中帮组合

（3）第三道线与第二道线为离线，线距为 3.5 ~ 4.5 mm。起止处打回针。

5. 中帮与后帮的装配（见图 4—44）

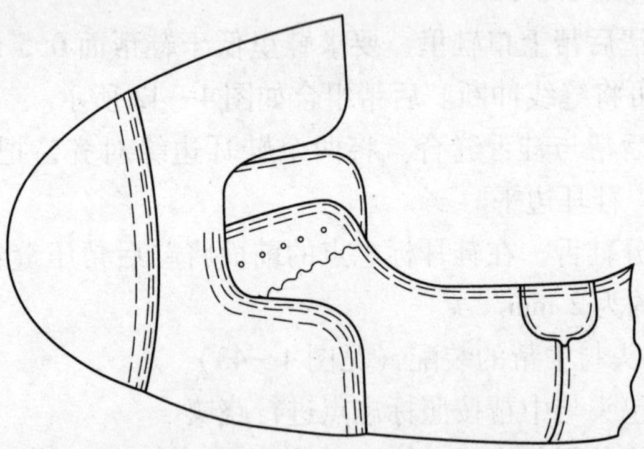

图 4—44　中帮与后帮的装配

（1）后帮鞋耳里料打剪口。

在后帮鞋耳里料前端转弯处打一个 12 mm 深的剪口，以便于前帮里料插入后帮里料内。

（2）中帮与后帮镶接。

将中帮与后帮按照标志点进行黏合。黏合时，前帮里料底口应缩进帮面 6 mm，前帮里料后端中间口门宽度部位前帮里料应夹在鞋舌面料与里料之间，口门宽度两侧前帮里料通过鞋耳里剪口部位压在鞋耳面料与里料之间。镶接要求面、里粘合平整，无皱褶，各部件中心位置点对正。

（3）中帮与后帮缝合。

（4）第一道线距边 1.2 mm，第二道线与第一道线为并线，线距为 0.5 mm。起止处打回针。

（5）冲去中、后帮缝合处多余的后帮里料。

6. 鞋帮修饰

（1）冲里边。距离缝线 1 ~ 2 mm 将所有多余的鞋里清除掉。

（2）剪线头。将线头处理干净。

（3）帮面清洁。将帮面上的粉尘、污渍、胶渍等去除干净。

第五章 成 型 工 段

成型工段指的是在裁断工段和针车工段后进行的帮底合成工序的总称，它是由成型、结合和装饰加工等小工段组成的。

成型工段是完成鞋类产品构型加工的重要环节，是将鞋帮通过加工手段，依靠压力、弯曲、拉伸和支撑力等塑造成预定形体的工段。鞋帮装配是指鞋类产品生产流程中的帮面部件组合加工，是鞋类产品成型工艺的组成部分，是初成型阶段，而成型工段是鞋类产品成型的深化阶段。

本章以目前制鞋企业应用最广泛的冷粘工艺为基础，介绍成型生产的相关知识。

第一节 成型车间生产设备的认识和使用

成型车间最重要的成型设备有前帮机、后帮机、合底加热流水线、压合机、定型机等。下面介绍这些设备的使用操作规程和注意事项。

一、前帮机

前帮机最初被称为钳帮机，顾名思义，是通过钳子的机械作用对帮面进行绷帮操作。后来随着工艺的细化，出现了不同的绷帮工序，所以对设备的名称也细化为前帮机。前帮机能完成对整只鞋前帮部分的成型绷帮作业。前帮机多是采用油压机械传动的原理设计制造的。图 5—1 所示为前帮机的一种，图 5—2 所示为前帮机在进行前帮的绷楦操作。

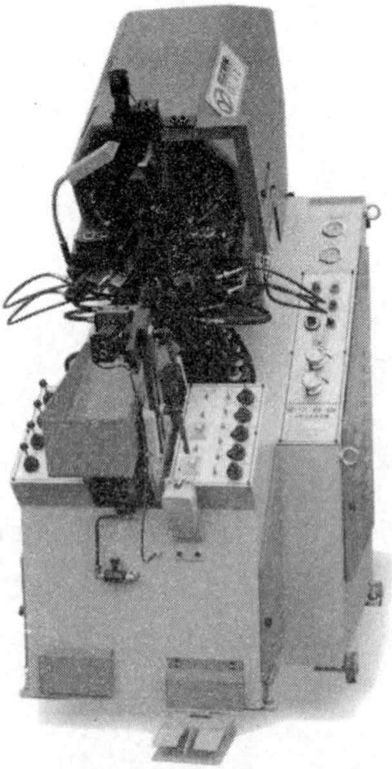

图 5—1　前帮机

图 5—2　前帮机绷楦

1. 前帮机使用操作规程

（1）在开始操作之前，先润滑前帮机的滑动机件，并将松动的螺钉及管路接头拧紧。以后每周润滑滑动部分。

（2）转开热熔胶加热开关，使胶加热到 240℃并呈现熔解状态，才可以操作自动上胶（可选）。

（3）按规定和技术工艺要求调节和设定设备的各部件。

（4）油压系统的操作顺序：

第一阶段，踩住控制踏板约 0.5 s，完成以下动作：

1）中爪夹紧（十字中心灯亮）。

2）第一次送胶动作（可选）。

第二阶段，踩住控制踏板，完成以下动作：

3）第 2、3、4、5 爪夹紧（放开脚踏开关）。

4）第6、7爪夹紧（可选）。

5）鞋楦撑台上升的动作。

第三阶段，踩住控制踏板约0.5 s，完成以下动作：

6）第二次送胶（可选）。

7）后跟顶座前进，碰到鞋楦后跟。

8）扫刀座下行到底，离开微动开关。

9）鞋楦束紧器及压边前进而夹紧鞋楦。

10）压头加压，将压力作用于鞋楦，固定楦位。

11）中心灯关闭。

12）中底撑台下降碰到微动开关。

13）扫刀前进，直到碰到微动开关，所有爪在扫刀碰到鞋面时放开，扫刀到位后停留几秒（可设定）。

14）达到所设定的时间，所有爪下降，鞋楦撑台下降。

15）绷完前帮的鞋自动落下。

2. 注意事项

（1）注意手势，避免手指放在绷帮爪内。

（2）禁止空车作业，试车时应有一鞋楦放在绷帮位置进行试车。

（3）出现异常时，立即踩紧急停止踏板停车。

二、后帮机

后帮机（见图5—3）能完成对鞋类产品后帮的帮脚定型作业。

1. 后帮机使用操作规程

（1）开机前每个润滑部位注入润滑油。

（2）按技术要求和规定调整和操作设备及设备的各个部件。

（3）半自动操作时油压系统的操作顺序：

第一阶段，踩操作踏板约0.5 s，完成以下动作：

1）鞋楦撑台前进碰到定位开关时停止，动作改为上升，碰到工作高度定位杆时停止（同时再次前进至碰到鞋楦束紧器）。

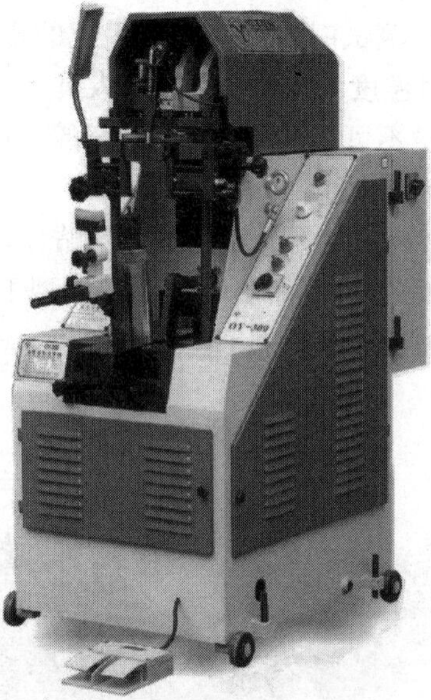

图5—3　后帮机

2）鞋楦束紧器作业，束紧鞋楦后跟。

第二阶段，踩住操作踏板，完成以下动作：

3）鞋楦、定位杆、扫刀前进，碰到微动开关。

4）鞋楦束紧器放开，撑台二次压力上升，使绷帮的鞋面压紧，压着计时器开始计时。

第三阶段，踩停机踏板或压着计时器计时，完成以下动作：

5）扫刀打开，鞋楦撑台下移并复位，可将完成绷帮的鞋面取出。

全自动操作时踩动脚踏开关，全部动作将自动连续进行，直到所有机件都回到原来的位置，以确保人员和鞋子的安全。

2. 注意事项

（1）无注胶操作时，将注胶头加热开关转到0的位置，则送胶或加热停止。

(2) 手动射胶测试时，用一个有手把的金属杯子将射胶头围住，以免喷胶时温度太高而伤及操作人员。

(3) 操作人员不可接触到胶头及热熔胶，以免烫伤。

三、合底加热流水线

成型生产主要完成的是帮面与鞋底的贴合。所需要借助的设备是如图 5—4 所示的合底加热流水线（成型工段)。图 5—5 中标示了成型合底加热流水线的工位分布。

图 5—4　合底加热流水线（成型工段）

四、压合机

面底压合是鞋类产品在完成面底黏合之后的重要工序。通过压合，能处理好手工贴底时面底之间胶黏不紧密的部位，使面底材料充分地黏合在一起，达到良好的胶黏效果。

制鞋企业常用的压合机有气压式与油压式两种系统设计。经过不断的设备更新，压合机自动化程度有了很大提高，以前要用几种压合设备完成的工序，现在一种设备就可同时完成。

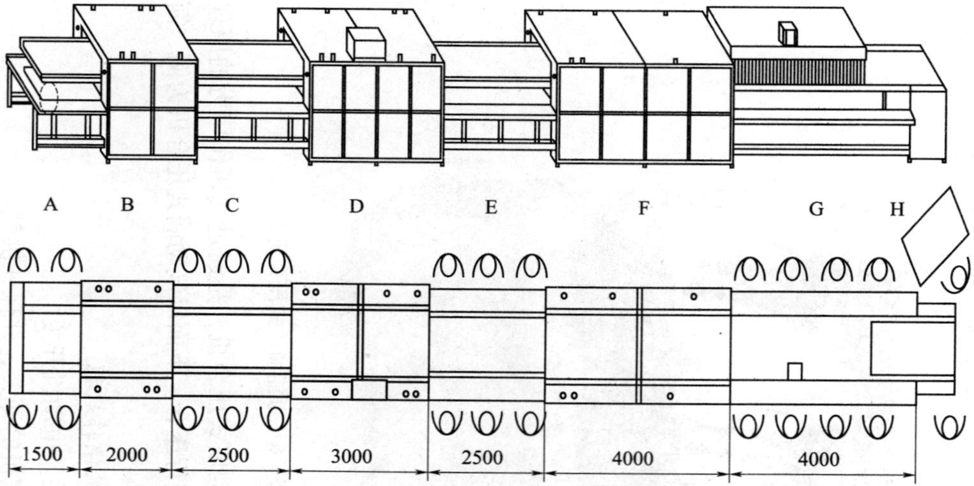

序号	名称	序号	名称
A	刷处理剂	E	刷二次胶
B	处理剂烘干	F	二次胶烘干
C	刷一次胶	G	贴合大底
D	一次胶烘干	H	压合大底

	处理剂烘干	一次胶烘干	二次胶烘干
上层电热	9.6	14.4	16.8
下层电热	16	24	28
上层电机	1.44	2.16	2.52
下层电机	1.44	2.16	2.52

单位：kW

图 5—5　成型合底加热流水线工位示意图

图 5—6 所示的万能油压式压合机能够一次完成压底、压边及压前后帮的工序，或根据需要对个别工序单独完成，适用于平底鞋、网球鞋、慢跑鞋及其他包边或包头鞋子的制作。

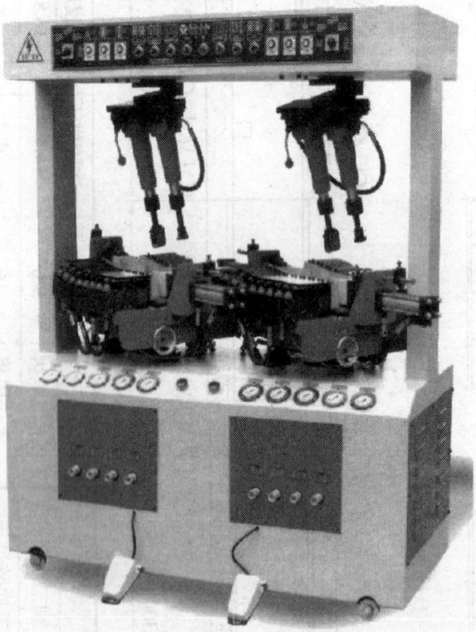

图 5—6　万能油压式压合机

图 5—7 所示为气动墙式压合机，是通过气压作用力的原理对贴底后的鞋类产品进行压合。下面以气动墙式压合机为例，简单介绍一下其使用过程。

1. 气动墙式压合机操作规程

（1）启动电源开关及电动机开关。

（2）启动空气压缩机的开关，并保证供气。

（3）根据鞋型设定好适当的压着时间和压力。

（4）将鞋子放入压箱内。

（5）调整前、后压杆至适当的位置。

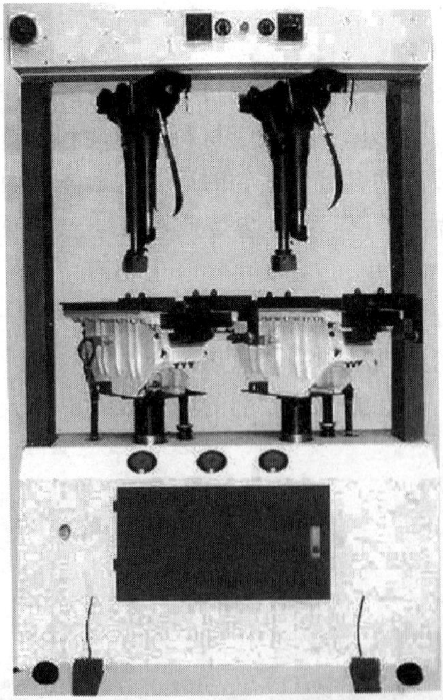

图 5—7　气动墙式压合机

（6）踏脚踏开关，压箱上升进行第一次压合。

（7）当压箱上升至鞋楦碰到压杆，触动续动开关，此时前后气缸启动压合行程，当前后气缸达到压合位置时，风袋及压箱进行二次压合的动作。

（8）压着计时器计时结束，风袋内气体压力释放，前后压气缸回位作业。

（9）压箱下降，回复原位。

2. 注意事项

（1）在任何操作程序中，当按下红色紧急按键，所有动作立即停止，并回复到起始位置。

（2）在无鞋子或鞋楦放在压合机中时，不能进行压合操作，以免损坏风袋。

五、定型机

鞋类产品在成型过程中，通过帮面材料的拉伸及鞋楦胎具塑型暂时固定了鞋的形体，但由于材料的弹性和可塑性，如不对其进行定型，脱楦后的鞋将失去暂时固定的形体。因此，需要使用定型设备对产品进行定型，这是成型工艺中特别重要的一个环节。

定型设备分湿热定型与冷冻定型两种。图 5—8 所示为湿热定型机。湿热定型机是利用高速热风强对流的设计原理，使产品快速完成定型，而且能使胶黏剂的固化效果更佳。

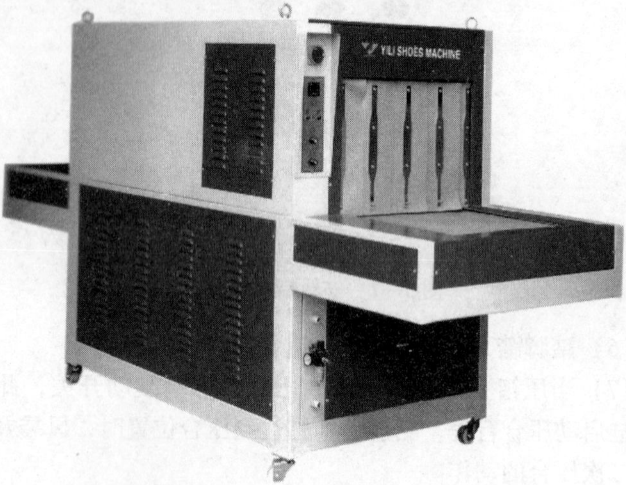

图 5—8　湿热定型机

图 5—9 所示为冷冻定型机。在工业化大生产中，产品的生产周期较之前大大缩短了，生产中不可能在加热定型之后花大量的时间等待产品自然冷却，因此，企业中多配套有冷冻定型机。使用冷冻定型机后不仅能提高鞋楦的周转率，实现一次快速脱

图 5—9　冷冻定型机

楦，而且能使胶黏剂分子间更好地凝固、聚合，提高了鞋的剥离强度。

六、成型生产过程中常用的其他设备

1．内底成型机

图 5—10 所示为内底成型机，它的作用是将内底压制成符合鞋楦底部曲面弧度的形状。

2．港宝软化机

图 5—11 所示为港宝软化机，它的作用是自动将成型生产所需使用的前后港宝材料进行处理剂浸渍，以软化材料，增强材料的可塑性。

3．脱楦机

图 5—12 所示为脱楦机，它的作用是自动完成成品鞋成型定型后的脱楦作业，能够降低操作人员的劳动强度。

图 5—10　内底成型机

图 5—11　港宝软化机

图 5—12 脱楦机

第二节 成型工段各工序

根据生产产品类型的不同，成型生产流水线一般有 60 ~ 100 人，一条 80 人的流水线每小时能生产 150 ~ 350 双成品鞋。运动鞋成型一般采用绷楦和套楦（入楦）两种方法。

一、成型生产流程

运动鞋成型生产流程如图 5—13 所示。

二、成型流水线的一般工序

1. 穿鞋带和鞋舌保护片、配面、配楦等

对眼套有织带用的帮面先用细铁丝连续穿过织带，然后用旧鞋带穿过细铁丝与织带的缝隙。完成帮面的准备，配面、配楦要注意相同型号和号码。

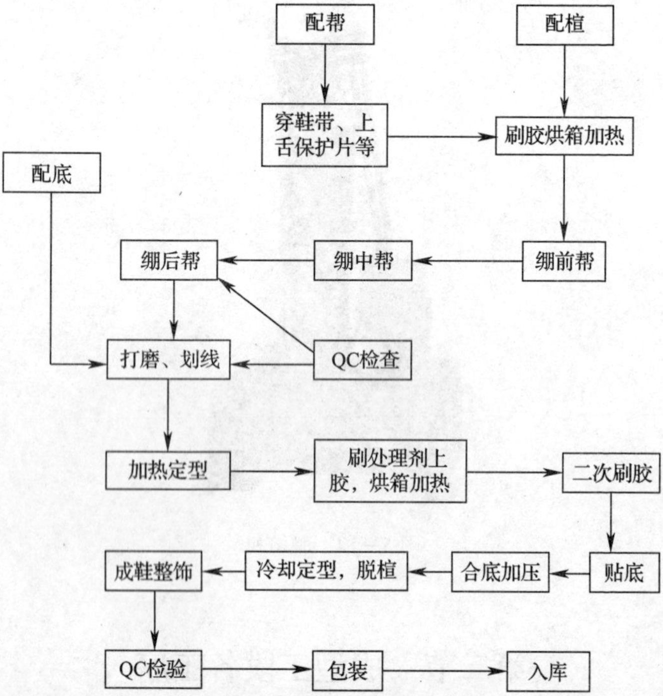

图 5—13　运动鞋成型生产流程

2. 刷港宝、面胶、中底糊

左手将内里翻开，右手拿直刷蘸处理剂均匀湿进港宝上层，配双放行，沿鞋面的帮脚、鞋楦和中底的周围均匀刷胶。

3. 烘干、后跟定型

鞋面、鞋楦和中底进入烘干箱，温度一般为 100℃，时间为 5 分钟。确认胶干燥，然后将鞋面放在后跟定型机的后跟样型上，拉住鞋头，调整适当的压力和温度，踩脚踏板使固定器夹住鞋面两侧，机型下压，用时 10 s 左右。

4. 贴中底，刷中底糊

左手拿鞋楦，右手拿中底，对准前头贴紧压牢。然后拿海绵刷蘸上天然橡胶液，在中底周围均匀涂胶，从内侧边缘由鞋头到后腰均匀涂胶，完成后，将中底鞋楦放在输送带上，注意应配双排列。

5. 绷前帮

左右手将鞋面套在中底鞋楦上，让鞋头夹在前帮机的预备器上，双手合拿鞋楦，将其放在下座正中央，踩脚踏板使钳夹住鞋头，检查鞋头是否正直（或根据前帮机的中心灯），再踩踏板使固定器下压，插进器前靠扫刀，扫刀温度应保持40℃，绷好的鞋面应平顺，鞋头高低一致，绷帮固定2～3 s。用时8 s左右，注意依鞋号大小调整前帮机，保持鞋头、后跟、中腹成一条直线。

6. 绷中帮

双手将鞋子反放，利用绷帮钳在钳帮位置，从外腰由左至右，内腰由右至左操作，确保贴楦，鞋面紧贴中底。用时8 s，也可用中帮机（侧帮机）进行操作。

7. 绷后帮

将鞋楦反放在后帮机上，调整内里和港宝，保证后帮高度，使之适当绷入中底，踩踏板使楦上靠固定，检查中底是否水平，鞋楦是否垂直地面，再踩踏板启动扫刀，用时5 s，绷帮必须平顺结实，绷后帮后绑紧鞋带以定型。

8. 打磨、划线

利用起毛机对前掌和后跟处的皱褶进行砂磨，磨平为止。接着用前头画线板对准鞋头中心划线，左右分清，然后踩划线机踏板使鞋面紧贴鞋底，用银笔划线，先划鞋头，再划后跟。有时直接利用鞋底划线。最后对与底接触的帮脚周围、后跟上方和鞋头打粗，注意不能超过划线位置。

9. 加硫定型

把配双的鞋子放在吊架上，顺着轨道进入加硫箱定型，每双用时15 min，温度为95～100℃。

10. 刷处理剂上胶，烘箱加热

用棉布夹子沿略高于划线位置刷处理剂，大底材料不同，要分别擦不同药水。然后均匀刷一次胶（先刷鞋头、再刷后跟），经过烘箱加热，一般温度为60～65℃，用时5～7 min。

11. 刷二次胶、烘干

二次刷胶注意刷均匀，不要过量，在贴底时，胶水一定要完全干燥。

12. 合底加压

左手拿鞋面，鞋头在上，右手拿鞋底，先从鞋头贴起，贴于正中央，再将鞋倒向外腰，轻贴后跟部位，前后贴正确后，再贴中腹，然后按鞋面与大底的边缘用锤子按紧，外侧用锤子敲击几下使之牢固，最后利用压合机压合，压力为25 N，时间为6 s左右。

13. 冷却定型，出楦

冷却定型前，先用清胶器清除大底边缘线的溢胶处，再将配双的鞋子放在流水线上，鞋子顺着轨道进入冷却箱冷却定型，若用真空冷却温度设在0℃左右，不少于4 min，许多工厂仍使用风冷流水线，冷却时间在25～30 min，一般真皮鞋型在出冷却箱后的温度应在（23±2）℃，人造革鞋型在（28±2）℃。冷却定型后，解开鞋带，拔掉金属线和舌保护片，左手拿住鞋头，右手扶住后跟，将鞋倒放在脱楦机上，脚踩踏板，完成脱楦。

14. 成鞋整饰

脱楦后，用画笔在中底上刷胶，装上鞋垫，并在压鞋垫机上压实，然后用烘线机烘线头，绑鞋带，用针筒补胶并检验漏胶与否，最后用棉布蘸药水清洁鞋面，用胶块擦去残余胶水，并刷去粉尘。

15. 检验

总检应检验鞋子的配双、溢胶、脱胶、清洁度、号码以及线头等。

16．包装

将检验后的鞋子用药水清洁鞋底，根据顾客的要求，内盒贴上号码标，挂上品牌标签、价标等，用包装纸正确包装，并放上干燥剂或涂上干燥液。根据配码正确装箱，送入成品库。

第三节　成型工序作业管理

成型车间的生产作业可分为40多道工序，每道工序都可作为一个岗位来进行设置与管理。本节介绍的36道工序是组成成型生产的主要工序，下面逐一介绍这些工序的管理重点。

一、鞋楦管制作业

1．鞋楦入库检查：生产科长、技术人员。

2．鞋楦保管者：生产单位。

3．鞋楦领用程序：各科组长收到制造企划单（指令表），依所列鞋楦型到存放处领取所需型体、数量。

4．鞋楦检查者：各流水线负责人。

5．鞋楦检查周期：每月定期检查一次及使用前后各检查一次。

6．不良鞋楦的处理方法：将不良鞋楦剔除，注明型体、号码、数量后，以千克为单位卖出，再补足所需数量。

7．鞋楦验收：

（1）称重量。

（2）以布尺测各部位尺寸。

（3）以中底量鞋楦底。

（4）检查橡胶栓。

（5）检查鞋楦是否变形、破损。

8．鞋楦使用规定事项：

（1）使用鞋楦时，不可用力抛掷碰损。

（2）必须适当控制鞋楦回转的数量。

（3）使用鞋楦时，必须按号码放置。

（4）使用前必须将鞋楦擦干净。

（5）如果鞋楦变形或破损不得使用。

二、鞋楦处理作业

1．新制的铝制鞋楦必须先经过洗净及打蜡处理。

2．洗净作业：以约 200 L 的大汽油铁桶截成两半，盛装肥皂水清洗，加热使其达到沸点，鞋楦在沸水中煮 10 min 后取出，用冷水清洗，然后以日光暴晒或烘干。

3．打蜡处理：可以使用地板蜡、蜡块、脱模剂（水蜡）。

4．在鞋楦后跟部位做定位线。

5．检核打中底钉用的橡皮掉落与否。

三、鞋楦储存管制作业

1．鞋楦存放架以角钢焊接而成，依实际需要分别做两层或三层。

2．储放区的设置尽量避开日晒、雨淋及灰尘太多的地方。

3．储存鞋楦时，应将型号及尺寸号码区分清楚后分别放在鞋楦车或鞋楦笼中，并标明尺码。

4．鞋楦在光洁作业时使用较为方便，不可生锈或破裂。

5．新鞋楦入库时一定要刷洗干净，并加以干燥备用。

四、放鞋楦作业

1．放鞋楦时，可连鞋面、中底一起进行。

2．放鞋楦的速度应一致，不可忽快忽慢。

3．必须计算生产数量，批次生产结束后统计数量，交给生产管理人员。

4．先生产内里颜色较深的鞋面，然而再生产较浅颜色的，以避免污染浅色的鞋面内里。

五、鞋弓作业

1．鞋弓的使用必须依鞋的背脊肥度定制。

2. 依鞋面大小分为大、中、小三类使用。

3. 可将鞋弓分颜色使用。

4. 应在拔楦之前去掉鞋弓，以减少鞋舌皱褶。

六、中底整形作业

1. 中底的曲度必须与鞋楦的曲度相符合，以利于钳帮作业。

2. 尤其是马靴、女式高跟鞋等鞋楦曲度变化较大的鞋类必须整形。

3. 中底整形作业时，整形的模具要依实际弯度及尺寸更换。

4. 整形的张数依材质不同而异。

5. 操作顺序：

（1）左手取中底，右手协助放入整形槽内。

（2）右手按开关使其作业。

（3）作业完成用左手取出中底，将其放在铁架上。

七、硬化糊作业

1. 硬化糊涂饰在鞋面内侧有增加鞋面硬度的功能。

2. 硬化糊加上 1/3 的黄糊后搅拌均匀再涂饰，效果良好。

3. 擦拭硬化糊时必须力求均匀。

4. 消除 X 射线的工作重点是将硬化糊涂抹在港宝的边缘。

5. 必须防止操作人员使用甲苯稀释硬化糊。

6. 操作程序：

（1）右手取刷子蘸硬化糊。

（2）左手握鞋面，右手将内里掷开并上硬化糊。

（3）擦拭后，将鞋面放在流水线的输送带上。

八、钉中底作业

1. 中底与鞋楦必须对正，中底与楦底的位置长短要符合。

2. 气枪钉必须对准钉位（上下鞋楦塞）。

3. 中底必须在鞋楦前缘凹入 1 mm 处固定。

4. 中底如稍长，以后踵部分为准。

5. 铁心弧度与鞋楦不符时，钉中底前，应以榔头加以修正。

6. 中底使用前必须贴合6磅细布，以利于绷帮。

7. 钉中底之前必须注意中底板的长度，如果不干燥，中底板可能会出现缩水的现象。

8. 整形后中底的弯幅与楦底的弯幅必须一致。

9. 打中底时，必须将空气枪的撞针磨短1 mm，以便将来挖钉比较方便。

10. 钉中底作业必须成双作业。

11. 注意手指的操作安全。

12. 钉中底后，在鞋楦的鞋尖部位抹上脱模剂或水蜡，以降低鞋面的摩擦力。

13. 操作顺序：

（1）用左手从鞋楦车里取出鞋楦，并将其放在机架上。

（2）右手握空气枪。

（3）从工作台上取中底合于鞋楦。

（4）钉两颗钉。

（5）钉好中底后，将鞋的左右脚分别放在输送带上。

九、入后套作业

1. 确定放入衬料的位置，而且必须在港宝尚未软化之前放定位（对准中心点放）。

2. 硬衬放入内里和鞋面时，内里不可呈皱褶状，与鞋统距2 mm。

3. 为了软化港宝，必须在港宝软化前放定位，在甲苯内必须加上2/3的二氯甲烷。

4. 二氯甲烷（快干剂）的添加必须配合输送带的流速，若经烘箱后太早硬化，结帮时会发角或鼓风。

5. 如果必须加速港宝定型，宜从高温定型及冷冻箱温度来调整。

6. 由于有机溶剂易挥发，因此容器必须加防盖措施。

7. 保持鞋面的清洁度。

8．最佳作业方法为用夹子浸衬料于甲苯中，并放在海绵上吸湿，使后衬（前套）不会过湿，以利于放入后踵（前套）。

9．如果后帮操作港宝变硬，应降低快干剂的比例。

10．操作顺序：

（1）用左手从输送带取鞋面，将其放在工作台上。

（2）用右手从工作台上取后套，将其放入鞋面中。

（3）左手将港宝与鞋面压宽，右手将港宝与鞋面压实。

（4）将鞋面放在输送带上。

11．必须依尺寸规定来放后套。

十、后踵整形作业

1．制作满帮鞋及凉鞋有后帮者，宜使用后踵定型机。

2．由于港宝溶点为80℃，因此温度必须开至100℃。

3．使用时，必须将中心线对准鞋面的后踵中心线。

4．女鞋的后港宝较长，整形时应特别注意鞋面、内外腰的平顺，不要使港宝反折。

5．整形模与鞋帮用的鞋楦肥度必须相符合。

6．压着时间至少4 ~5 s。

7．楦模及压模内衬必须保持清洁。

8．操作顺序：

（1）右手从物架取鞋面。

（2）将鞋面套上鞋楦座对齐。

（3）按下机身旁按钮。

（4）左手拿起鞋面交给右手，将将其放在物架上。

十一、中底刷胶作业

1．注意擦拭均匀。

2．由于白乳胶遇空气容易凝固，因此擦拭使用泡棉或泡棉条。

3．中底上胶涂布中底的周围，中间的部分不必上胶。

4．中底上胶时不可污染鞋楦。

5. 中底有缺角不得上胶。

6. 如果中底没有号码，不得上胶，以免钳帮作业困难。

7. 中底布若剥离不宜使用，以免钳帮作业困难。

8. 操作顺序：

（1）左手从输送带取鞋面。

（2）右手拿泡棉条。

（3）将泡棉条蘸胶后顺时针由外向内擦拭。

（4）作业完成后，将鞋面放在输送带上。

十二、鞋面上白胶作业

1. 注意擦拭范围的宽度，毛刷蘸胶涂在鞋面内侧鞋面上的平均宽度为 1.5 cm。

2. 必须保持鞋面内里清洁度。

3. 涂布时必须适量。

4. 涂布时必须均匀，不可过稀或过浓。

5. 作业时左手拿鞋面，里裹向上。右手拿泡棉蘸胶液，沿鞋面里边缘擦拭胶液，作业后将鞋面放回输送带。

6. 鞋面放回输送带后，上胶部分必须朝上，而且不可重叠。

7. 鞋面不可碰到烘箱的电热管，以免发生火灾。

8. 上胶时，需要保持工作区域的整洁。

9. 胶碗以 8 分满为准。

10. 操作顺序：

（1）左手从输送带取鞋。

（2）右手拿刷子蘸胶后从边缘开始擦拭。

（3）作业完成后，用左手将鞋面放回输送带。

十三、烘箱施工作业

1. 绷帮组的烘箱作业温度在（65 ±5）℃。

2. 调整烘箱的温度条件如下：

（1）室内的常温。

（2）输送带的长度。

（3）输送带的流速。

（4）胶黏剂的种类。

3. 为了正确了解温度的最佳方法，大都以目视或手感来判断烘箱作业是否正常。

4. 烘箱温度不够或时间不足导致结帮时黏着效果不佳或胶水四溢。

5. 鞋面经过烘箱里时高度不可超过入口处的高度。

6. 休息或停电时，必须关掉烘箱电源。

十四、前帮作业

1. 必须注意钳帮机的温度、撑台高度和爪子弧度。

2. 结帮压力为 300 ~ 350 N。

3. 压着时间必须在 4 s 以上。

4. 前帮的帮面与帮脚不得起皱，鞋头高度必须对称。

5. 注意内撑台太高则扫到中底，太低鞋子不漂亮。

6. 绷鞋时不得反折内里。

7. 绷鞋时十字中心线必须对准鞋面中心。

8. 绷鞋时必须注意钳入部分是否均匀（12 ~ 15 mm）。

9. 如果鞋面太紧时必先预帮，以利于操作。

10. 绷完鞋面后，必须将鞋平放在输送带上，不可随手丢，以免碰伤鞋面。

11. 单机操作左右脚，操作时必须随时检核，鞋头高度必须一致，若双机操作，则两位前帮操作员在更换尺寸时必须互检，鞋头高度必须一致。

12. 结帮前必须将胶纸（PE 纸）放在鞋楦的后部，以防拔楦时弄脏或弄破内里。

13. 操作顺序：

（1）左手拿鞋面，右手拿鞋楦。

（2）将鞋面放在鞋楦上，用右手将胶纸（PE 纸）放在后踵内里。

（3）将鞋面及鞋楦放在撑台上。

（4）右脚踏脚踏板，开始作业。

（5）作业完成后左手将鞋放回输送带。

十五、中帮作业

1. 必须将帮面拉实，并整理平顺。

2. 帮面不可太紧。

3. 绷中帮之前必须先检核内里，使其高于楦底。

4. 保持鞋面清洁度。

5. 注意内外腰的定点位置。

6. 帮脚必须平整，不可蓬松，内里、港宝必须钳入中底。

7. 操作顺序：

（1）左手拿鞋。

（2）钳帮部位朝上，左手放鞋尖，右手放后踵。

（3）以顺时针方向操作。

（4）作业完成后左手拿鞋放回输送带。

十六、后帮作业

1. 后踵的高度必须与鞋楦后踵定位线保持一致。

2. 钳帮时不得发角。

3. 后跟必须正直，不得偏斜。

4. 压着时间必须在 4 s 以上。

5. 后港宝必须钳入，否则容易造成软角。

6. 保持鞋面清洁度。

7. 如果后帮作业人员负责拔钉，则拔钉作业必须切实完成。

8. 后帮作业时，若后踵部位帮脚黏在中底上，应以手剥开，使后踵钳帮部位呈圆弧状，以利于绷帮。

9. 由于后帮作业易造成生产瓶颈，后衬若硬化需要重新擦拭甲苯，以利于作业。

10. 在后合缝处钉钉子，以保持后踵的高度。

11. 操作顺序：

（1）用左手将鞋楦反放在推动杆上。

（2）右脚踏脚踏板开始作业。

（3）作业完成后，用左手将鞋放在输送带上。

十七、烫头作业

1．鞋面材质为 PVC 舒美绒及珊瑚绒在加硫前最好增设烫头作业。

2．使用电热炉时，必须烘到冒烟时方能见效。

3．烫头作业必须使用抽风机将烟排出厂外。

4．操作顺序：

（1）左手取鞋，右手按鞋头上端。

（2）用力均匀，并进行烫头作业。

（3）以目视检查鞋尖钳帮部位平整后，用左手将鞋放在输送带上。

十八、拔钉作业

1．必须使用扁钳拔除，中底钉拔除必须彻底。

2．拔钉作业时不可碰伤鞋面。

3．必须利用磁铁随时吸中底钉，以保持工作场所的整洁。

4．拔钉后鞋必须平放在输送带上。

5．操作顺序：

（1）左手取鞋，右手从工作台上拿扁钳。

（2）楦底朝上，将后跟靠工作桌，先拔上钉后拔下钉。

（3）拔完钉后，将鞋楦放回输送带。

十九、磨边及打粗作业

1．磨边及打粗作业分为下列四种情形：

（1）真皮：打粗时，使用金属刷子或砂轮。

（2）反毛皮：需要轻微打粗。

（3）PVC 皮料：使用处理剂擦拭。

（4）PU 皮料：必须将表面 PU 膜打粗，或用 PU 处理剂。

2．打粗的注意事项：

（1）所有的鞋面必须沿着边缘打粗。

（2）打粗时不得超过钳帮缘。

（3）打粗作业必须均匀。

3. 操作顺序：

（1）左手从输送带上取鞋面。

（2）将鞋楦底部朝砂轮方向。

（3）左手按后踵，右手按背脊（鞋口）。

（4）从鞋尖部位顺时针方向打粗。

（5）作业完成后，用左手将鞋楦放回输送带。

二十、高温定型作业

1. 只有经过品检检验合格的鞋才可放入箱内。

2. 必须配双作业，不得单只鞋进入。

3. 放入时必须量放整齐，勿使靠边或重量不均匀而影响作业。

4. 加硫的时间和温度应在试做时根据不同的鞋型做好测试记录，确定最佳的加硫时间、温度，以达到最好的定型效果。

5. 加硫时间正常为 40 ~ 45 min，温度为 90 ~ 110℃。

6. 加硫时间：

（1）拖凉鞋 15 ~ 30 min。

（2）运动鞋 25 ~ 35 min。

（3）马靴　35 ~ 65 min。

7. 马靴定型踏板需校正，方可加硫。

8. 必须依照规定操作，否则胶皮会过热受损。

9. 烘箱作业前擦拭鞋面，以保持清洁度。

二十一、有机溶剂操作方法

1. 有机溶剂的操作方法必须与厂商研究确定。

2. 必须与胶水供应商共同协商使用何种药水，并作分析记录，以供大生产参考。

3. 确定胶水与硬化剂的比例，并用量杯来量硬化剂的用量。

4. 如果胶水使用量很大，应由专门负责胶水管理的人员来调配胶水，以节省胶水用量。

5. 胶桶开罐后应注明开罐日期，必须制定开罐后的有效期限。

6. 操作人员将胶水倒入胶碗后，应立即盖上胶桶盖子。

7. 必须使用较小的容器盛装胶水，随时使用随时补充。

二十二、划线作业

1. 必须用水解笔划线。

2. 鞋面、大底必须配双作业。

3. 划线时，必须面底贴实，而且上下左右不得歪斜。

4. 有边墙部分必须注意手势，划线时必须贴大底边墙。

5. 划线时，鞋头钳帮部位不得爆开。

6. 操作顺序：

（1）用右手从输送带拿鞋面。

（2）左手拿大底。

（3）鞋面放入大底。机器操作时鞋面放入划线机内。以手握大底时，左手握大底、右手划线。

（4）右手以顺时针方向从鞋头部位开始划线。

（5）作业完成后，用左手将鞋面放在输送带上。

二十三、面药水处理作业

1. 擦拭处理剂时，药水要从边缘往内擦拭。

2. 擦拭棉布（白色）平均15双换一次。

3. 操作顺序：

（1）拿起要处理的鞋面，检查是否结帮后的合格品。

（2）在纱布上轻蘸药水，在容器旁边停顿一下，倒拿面，全面擦拭一次。

（3）处理完后，左手将鞋面放在输送带上（面朝上）。

（4）必须依规定使用药水，而且必须用力来回往复地擦拭，不可轻轻一抹。

4．擦拭时，如果药水洒到鞋面上，必须立即用纱布擦掉。

二十四、底药水处理作业

1．擦拭处理剂不得溢出大底贴合线以外的位置。

2．擦拭大底棉布平均 15 双换一次。

3．药水处理后不可存放太久。

4．药水不可外溢，以免大底颜色脱落。

5．擦拭药水时应从边缘往内进行。

6．操作顺序：

（1）右手拿夹子夹住处理纱布并轻蘸药水，在容器旁边停顿一下，倒拿大底擦拭药水。

（2）药水处理完后，用左手将大底放在输送带上（底朝上）。

（3）必须依据规定使用药水，而且必须用力来回往复地擦拭，不可只轻轻地抹一下。

二十五、上面胶作业

1．依据中底（划线弧）的轮廓擦拭，不可太高或太低。

2．不可溢胶（上胶胶水不得溢出 1 mm）。

3．注意用量必须一致。

4．注意擦拭必须均匀。

5．保持鞋面清洁度。

6．注意气温、湿度调配固化剂的混合比例。

7．上胶时，按从边缘往内的顺序进行。

8．倒胶水一次八分满。

9．胶碗于每天下班前必须清洗一次，残胶应集中处理。

10．严禁接触烟火。

11．如果鞋面爆开不得上胶，必须重新修整，药水未干不得涂胶。

12．擦胶时，必须完全剔除中底钉。

13．操作顺序：

（1）左手从输送带取鞋。

（2）右手用刷子蘸胶后，从外缘开始涂刷。

（3）左手将鞋放回输送带。

二十六、上底胶作业

1. 依据大底的轮廓，擦拭不可太高或太低。

2. 不可溢胶。

3. 用量必须一致。

4. 擦拭必须均匀，药水未干不得涂胶。

5. 保持大底的清洁度。

6. 操作顺序：

（1）左手从输送带取大底。

（2）右手用刷子蘸胶后，从外缘开始涂布。

（3）用左手将鞋底放回输送带。

二十七、贴底作业

1. 贴合前先看准部位，必须一次就贴合成功。

2. 贴合速度应保持一致，不可使得贴合鞋子堆积以免超过黏性维持时间。

3. 鞋底如较大，可先贴四周，把多余的部分挤压在中间。

4. 贴底如需加入铁心必须将位置摆正，不可歪斜。

5. 大底或鞋面如有不良品均不可贴底。

6. 贴底必须贴正，不得歪斜，有沿条或边墙的正贴，女鞋反贴。

7. 边缘必须紧密贴合。

8. 保持工作台的整洁与手部的干净。

9. 操作顺序：

（1）左手从输送带取鞋面。

（2）右手从输送带取底。

（3）大底放在下面，鞋面放在上面，从鞋头开始贴底。

（4）贴底时以目视查核面底必须对正。

（5）贴合后用双手挤压。

（6）用左手将鞋放回输送带。

二十八、压底作业

1. 必须注意压底时间与压力。

（1）压底时间：满帮鞋 9 s，凉拖鞋 6 s，运动鞋 8 s。

（2）压力必须大于 200 ~ 300 N/cm^2。

2. 注意压底杆距离的调整与平衡，预防鞋面被压破，压柱随柱头长短调整其位置。

3. 检视压底模垫的弧度，衬垫大小随鞋的大小更换使用。

4. 压底鞋楦必须摆正。

5. 将风袋压力调整为 25 N 左右，以不使材质变形为原则。

6. 压底之前必须检核大底是否贴正。

7. 压底时必须将鞋子摆正，以便将压力压在被接着面上。

8. 加压时应保持一定的速度，不可堆积鞋子，以免影响加压效果。

9. 有颗粒状大底时，必须依尺寸分左右脚制作出 PVC 压底凹模。

10. 压底时注意安全。

11. 操作顺序：

（1）左手从输送带上取鞋。

（2）右手握压底杆。

（3）左手将鞋舌外翻，右手握鞋。

（4）脚踏动作板，完成压合后，将鞋放在铁架上。

二十九、拔楦作业

1. 拔楦时不可压坏鞋面，必须依鞋楦选择正确的固定圆柱。

2. 拔楦动作必须正确，而且需保持内里不得破损。

3. 拔楦之前，必须确定鞋楦已完全冷却，前后硬衬达到客户标准。

4. 鞋楦拔完后，必须将其按尺码及左右脚放回原来的鞋楦车。

5. 鞋不可掉落地上。

6. 不可将鞋面碰到拔楦勾。

7. 拔楦时后踵内里的 PE 纸必须固定放，不可散落地上。

8. 拔鞋楦时鞋弓（鞋带）必须依规格尺寸放好，以利于后续作业。

9. 鞋楦车排列不超过四辆车。

10. 操作顺序：

（1）左手从流水线上取鞋，并将鞋楦眼放在拔楦勾上。

（2）用右手放鞋底后踵部位后，脚踩踏板。

（3）拔楦后，用左手将鞋子配双放在流水线上。

（4）拔楦后，用右手将鞋楦根据号码放入鞋楦车内。

三十、烘线头作业

1. 必须用剪刀修剪线头。

2. 必须将线毛头确实烧剪完全。

3. 不可损伤内里。

4. 烘线头时勿紧靠热风口，烧的时间不可太久，不可损坏鞋面。

三十一、鞋垫作业

1. 贴鞋垫时必须配双作业。

2. 必须保持鞋垫的清洁度。

3. 鞋垫必须平整，不得歪斜。

4. 鞋垫规格、尺寸必须依指令表规定。

5. 贴完鞋垫必须用手压实。

6. 鞋垫不良，无布标不得使用。

7. 操作顺序：

（1）左手将鞋放在工作台上。

（2）左手掀开鞋舌，右手拿鞋垫。

（3）鞋垫用右手放入。用右手大拇指及中指抓住鞋垫中央，使鞋垫呈缩紧状。

（4）平整放入，并用手压实。

（5）作业完成后，用左手将鞋放回输送带。

三十二、整理鞋面鞋底作业

1. 左手拿起成双鞋子，放在工作台上，右手拿纱布蘸清洁剂。

2. 鞋的清洁度欠佳的部位应蘸清洁剂予以擦拭。

3. 如果鞋子蘸胶水太多或溢胶，可先用生胶片擦拭，再用清洁剂擦拭。

4. 必须经常换纱布，以保持清洁度。

5. 如果鞋面鞋底经过印刷、烫金，不得使用清洁剂。

三十三、塞纸团放定型纸版作业

1. 将配好双的鞋放在工作台上。

2. 依据鞋的号码大小，将定型纸板放入鞋内，调整左右鞋型。

3. 拿起捏好的纸团放在定型纸板下，用手在鞋子两侧加压。

4. 放纸团时必须注意：

（1）纸团必须塞实。

（2）大小必须适中，不可太松，也不可太紧。

（3）纸的使用张数以能填满空间为原则。

5. 塞完纸团后，将配双鞋子整齐放回输送带。

三十四、折内盒作业

1. 注意内盒清洁度。

2. 注意鞋的颜色、鞋型必须与盒内的各项规格符合。

3. 内盒折边黏性必须好且无裂开。

4. 内盒折边棱角线必须明显。

三十五、包装作业

1. 将质检员检查合格的鞋紧贴标志卡。

2. 依要包装的鞋子号码，盖鞋盒号印。

3．将包装纸平铺于盒底，放入一只鞋，用包装纸包上，然后放入另一只鞋，同样用包装纸包上。

4．放入干燥剂。

5．盖上盒盖。

6．分别放在手推车上，一定数目后送至大包装。

三十六、装箱捆包作业

1．将外箱标示事项填入相应的外箱标签栏。

2．将外箱底部折叠成箱形贴上胶布，排列整齐。

3．按照 ASS. RT 的双数号码顺序装入鞋子。

4．清点后，封外箱盖，并贴上胶布。

5．钉封箱钉。

6．用捆包带捆外箱。

7．装上捆包铁扣。

8．捆包完成后，放在指定位置待运。

第四节　成型工艺流程实例

实训一　运动鞋成型工艺流程实例

一、实训目的

了解运动鞋成型工艺流程，掌握运动鞋成型工艺。

二、实训内容

工序 1　穿鞋带（见图 5—14）

操作说明：将鞋带穿过鞋眼孔。

质量标准：鞋带应左右对称。

工序 2　刷港宝（见图 5—15）

使用工具：直刷。

操作说明：用左手将内里翻开，右手拿直刷蘸上规定的港宝药水，均匀湿进港宝上层，配双后放行。

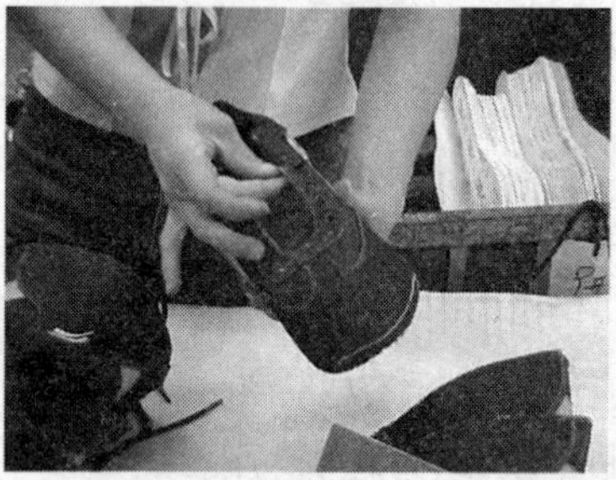

图 5—14　穿鞋带

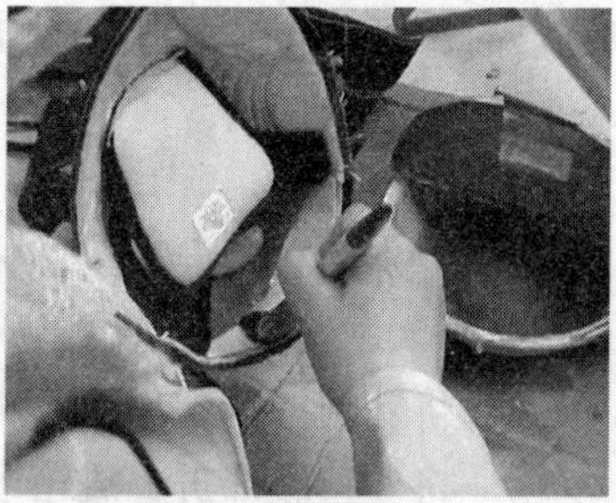

图 5—15　刷港宝

质量标准：

1. 港宝要刷均匀。

2. 内里不要翻破。

工序 3　刷面胶、中底胶（见图 5—16）

使用工具：毛刷。

操作说明：左手拿鞋面（鞋楦或中底），右手拿毛刷，在鞋面（中底）周围均匀涂胶。完成后，将鞋面放在输送带上排列整齐。

注意事项：涂胶不得弄脏鞋面。

质量标准：

1. 上胶平均宽度为 10 ~ 12 mm，涂胶必须均匀。

2. 胶黏剂必须加盖。

工序 4　烘干、后跟定型（见图 5—17）

使用设备：后跟定型机、烘箱。

操作说明：

1. 打开开关，调整压力、温度，预备操作。

2. 将鞋面放在后跟样型上。

3. 拉住鞋头，将右手按在后跟上，调整内里顺贴鞋面。

4. 踩踏板端，使固定器夹住鞋面两侧，机型下压。

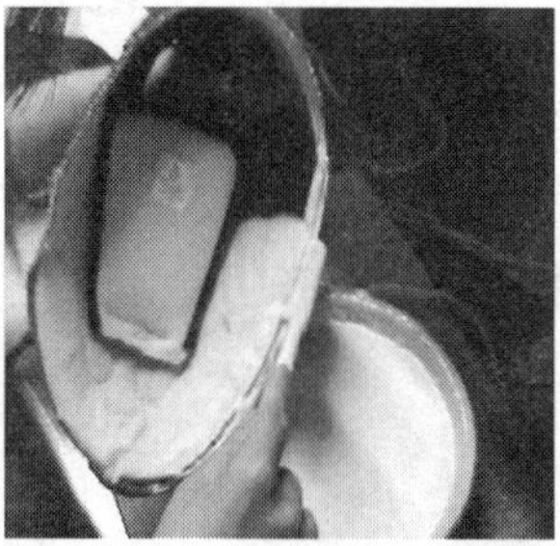

图 5—16　刷面胶、中底胶

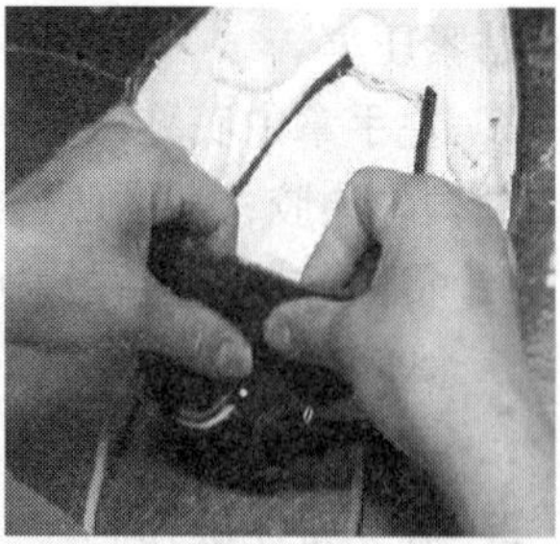

图 5—17　烘干、后跟定型

5. 将另一鞋面放在另一模型上，方法同上。

6. 经过 10 s，压模上移，踩踏板前端使固定器移开，检查鞋面。

注意事项：注意手指安全。

质量标准：

1. 内里顺贴鞋面。

2. 内里无皱纹。

工序 5　贴中底，刷中底糊（见图 5—18）

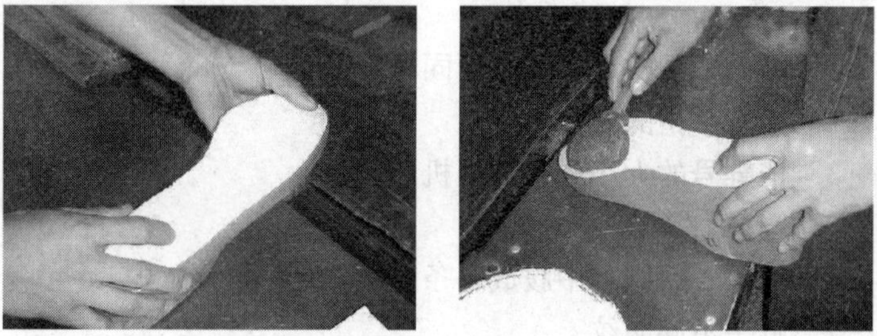

图 5—18　贴中底，刷中底糊

使用工具：海绵刷。

操作说明：

1．左手拿鞋楦，右手拿中底，对准前头贴紧压牢，后跟也对准贴紧压牢。

2．左手拿中底鞋楦，右手拿海绵刷蘸上天然橡胶液，在中底周围均匀涂胶，从内侧边缘由鞋头到后腰均匀涂胶。

3．将中底鞋楦放在输送带上，配双排列整齐。

注意事项：

1．中底勿串号，串色。

2．底完整无破损。

3．天然橡胶液必须涂抹均匀。

质量标准：天然橡胶液不可沾到鞋楦。

工序6　前帮（见图5—19）

使用设备：前帮机。

操作说明：

1．左右手拿鞋面，将鞋头夹在预备器上。

2．双手合拿鞋楦，将鞋放在下座正中央。

3．踩踏板使绷帮钳夹住鞋头。

4．检查鞋头是否正直，再踩踏板使固定器下压，插进器后前靠紧后跟，钳帮扫刀合并完成鞋帮。

注意事项：

1．鞋面、鞋楦、中底必须同号。

2．注意手指的安全。

3．依鞋号的大小调整前帮机。

质量标准：

1．鞋头、后跟、中腹成一条直线。

2．鞋头不起皱纹。

3．鞋头大小要一致。

工序7　中帮（见图5—20）

使用设备：中帮机。

图 5—19　前帮

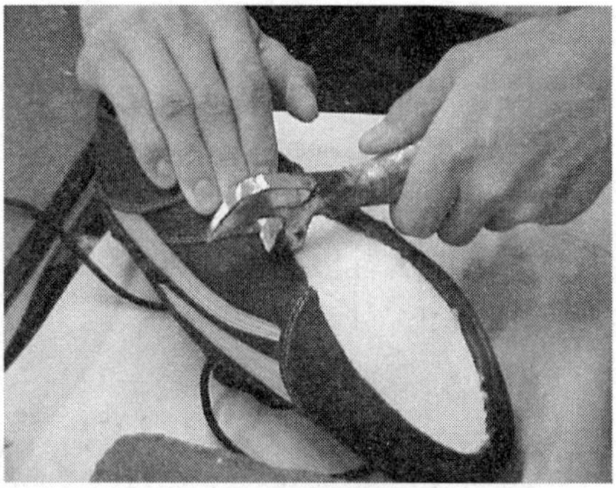

图 5—20　中帮

操作说明：

1. 双手将鞋子反放在钳帮位置，外腰由左至右，内腰由右至左操作。

2. 查看中腹是否歪斜，中帮是否结实，然后将其放在输送带上。

注意事项：

1. 勿打伤手指。

2. 结中帮前先检查鞋头是否正直。

质量标准：鞋面必须紧贴中底。

工序 8　后帮（见图 5—21）

使用设备：后帮机。

操作说明：

1. 将鞋楦反放在后帮机上，调整内里和港宝，使之能适当绷入中底。

2. 踩踏板使楦上靠固定，检查中底是否水平，鞋楦是否垂地。

3. 踩踏板使后帮机型夹住钳

图 5—21　后帮

帮扫刀合并，完成作业。

注意事项：

1. 使用前先调整温度。

2. 操作时如发现内里起皱，送回修改。

3. 定型后鞋楦退回，以铁锤将未牢固的部位打平。

质量标准：后帮必须结实。

工序9　绑鞋带（见图5—22）

图5—22　绑鞋带

操作说明：

1. 从流水线上拿起成型的鞋子，将鞋子、鞋舌放正。

2. 从前往后束紧鞋带。

注意事项：

1. 鞋舌一定要放正。

2. 不能压住舌标。

质量标准：要系紧鞋带，鞋带不能松弛。

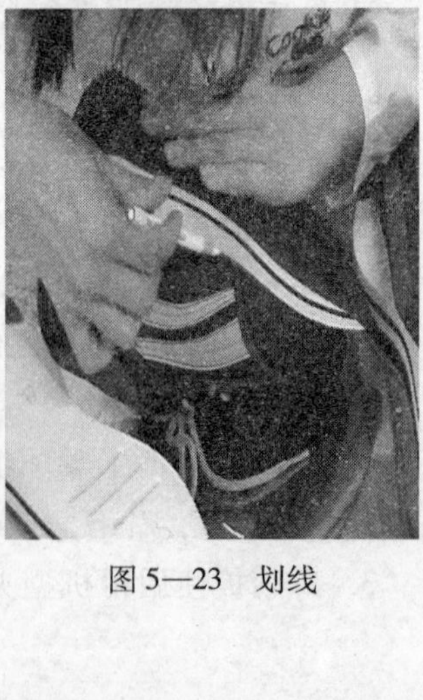

图5—23　划线

工序10　划线（见图5—23）

使用设备：划线机。

操作说明：

1. 核对鞋面和鞋底号码是否相同，将鞋楦和鞋底密合，再放在划线机上，踩踏板使鞋面紧贴于鞋底，才可用银笔划线，先划鞋头，再划后跟。

2. 完成后查看是否平直。

质量标准：

1. 操作时，记号线清晰即可，笔不可太粗。

2. 操作时，握笔方向必须一致。

工序 11　加硫定型（见图 5—24）

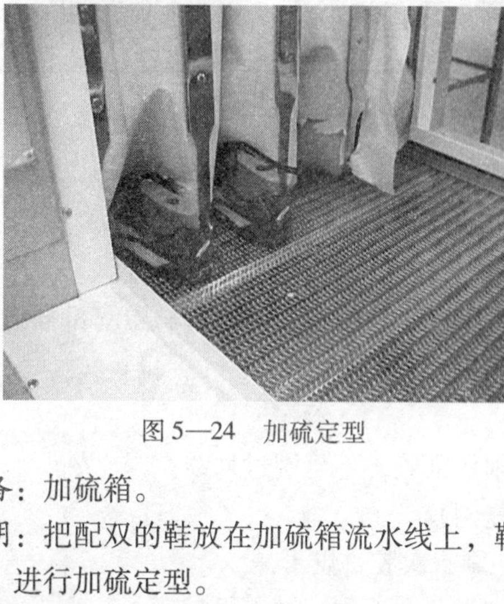

图 5—24　加硫定型

使用设备：加硫箱。

操作说明：把配双的鞋放在加硫箱流水线上，鞋子沿着轨道进入加硫箱，进行加硫定型。

注意事项：

1. 鞋子要配双。

2. 要对准加硫箱入口。

质量标准：

1. 温度为 95～100℃。

2. 时间为 15 min。

工序 12　刷处理剂（见图 5—25）

使用工具：棉布夹子。

操作说明：左手拿鞋底，以棉布夹子轻蘸处理剂，处理均匀。

注意事项：由于大底材料不同，要分别擦不同处理剂。

工序 13　刷一次胶，烘干（见图 5—26）

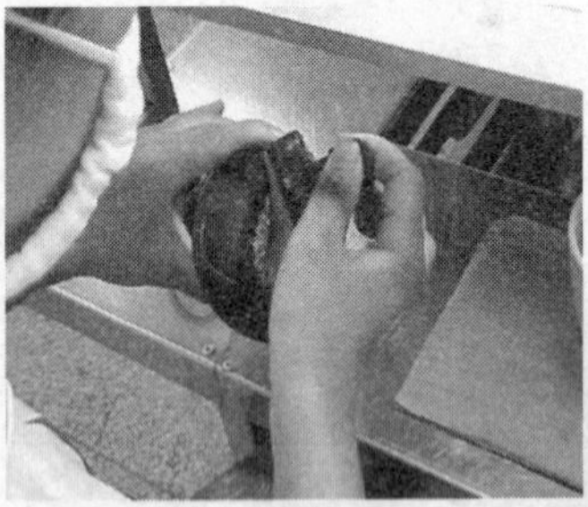

图 5—25　刷处理剂

图 5—26　刷一次胶

使用工具/设备：毛刷、烘干机。

操作说明：

1. 左手正握鞋面，鞋底，右手拿毛刷。
2. 轻蘸胶水后，先刷鞋头，再刷后跟（鞋底方法相同）。
3. 用毛刷刷中底部分。

注意事项：

1. 根据划线刷胶，不可刷过划线。
2. 要往复刷胶。

工序 14　刷二次胶，烘干

使用工具/设备：毛刷、烘干机。

操作说明：

1. 左手正握鞋面，鞋底，右手拿毛刷。
2. 轻蘸胶水后，先刷鞋头，再刷后跟（鞋底方法相同）。
3. 用毛刷刷中底部分。

注意事项：

1. 胶水不要污染鞋面。

2. 根据鞋的不同刷一次或二次胶。

质量标准：

1. 根据划线刷胶，不可刷过划线。

2. 往复刷胶后，要将多余的胶向一侧刷并清除掉。

工序 15　贴底（见图 5—27）

使用工具：竹片。

操作说明：

1. 左手拿鞋面，鞋头在上，右手拿鞋底。

2. 从鞋头贴起，贴于正中央，不要歪斜。

3. 将鞋子倒向顺外腰，再轻贴后跟部分。

4. 前后贴正确后，再贴中腹。

注意事项：

1. 鞋面、大底号码应统一。

2. 不能露线。

质量标准：贴底要正中，不偏左偏右，不超前后。

工序 16　压底（见图 5—28）

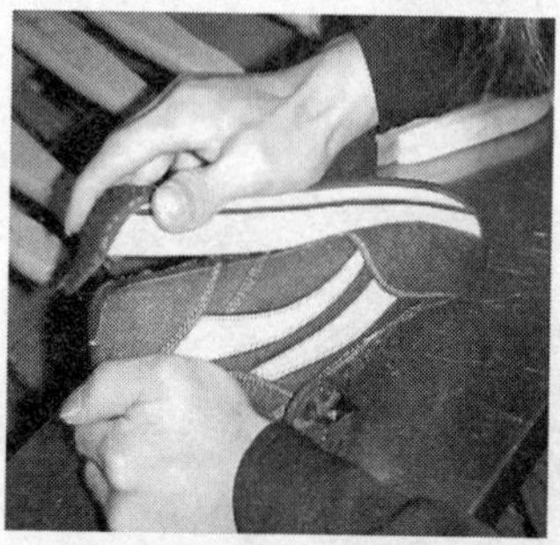

图 5—27　贴底

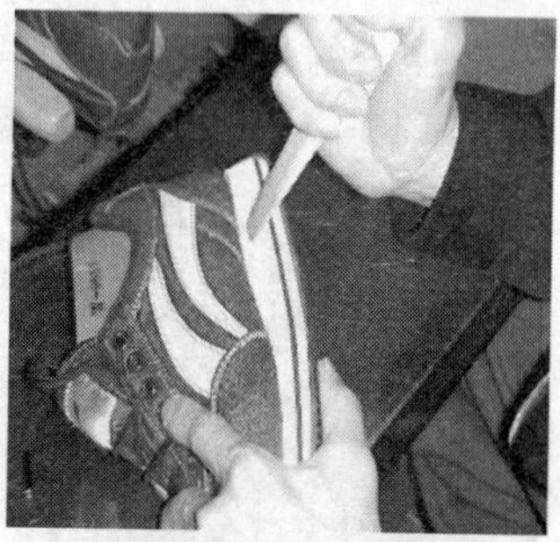

图 5—28　压底

使用工具：锤子、压条。

操作说明：

1. 将贴底后的鞋子按鞋面与大底的边缘用锤子按紧。

2. 外侧应用锤子敲击数下，使之牢固。

注意事项：

1．鞋面与大底的结合部要贴牢。

2．鞋底完整，无破损。

质量标准：

1．勿将大底压破损。

2．检验补胶。

工序 17　压合大底（见图 5—29）

使用设备：墙式油压机。

操作说明：

1．启动开关，调整压力，在压轴和顶点位置摆放正确的底模。

2．前后位置要放正确。

注意事项：

1．鞋子要放正确。

2．注意手指安全。

质量标准：

1．整个鞋底和鞋面全密合，无空隙。

2．压力约为 250 N，时间约为 10 s。

工序 18　冷却定型（见图 5—30）

图 5—29　压合大底

图 5—30　冷却定型

使用设备：冷却箱。

操作说明：把配双的鞋子放在冷却机传送带上，鞋子沿着轨道进入冷却箱进行冷却定型。

注意事项：

1. 鞋子要配双。

2. 不要超出轨道定位，注意冷却箱门的开关规律，避免鞋子卡在门上。

质量标准：温度为 −5 ~ −2℃，时间为 15 min。

工序 19　脱楦（见图 5—31）

使用设备：脱楦机。

操作说明：

1. 打开开关，预备操作。

2. 用左手拿住鞋头，右手扶住后跟，倒放在脱楦机上。

3. 脚踩踏板，慢慢脱楦。

注意事项：

1. 脱楦时不要使面底受损。

2. 脱楦前应先解开鞋带。

质量标准：脱楦后配双放行。

工序 20　刷衬底胶（见图 5—32）

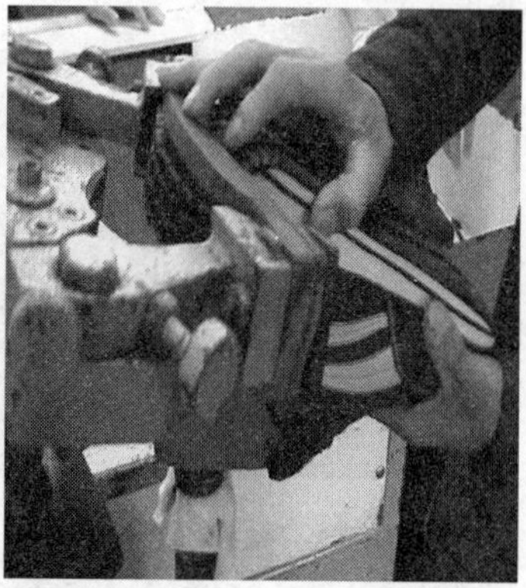

图 5—31　脱楦

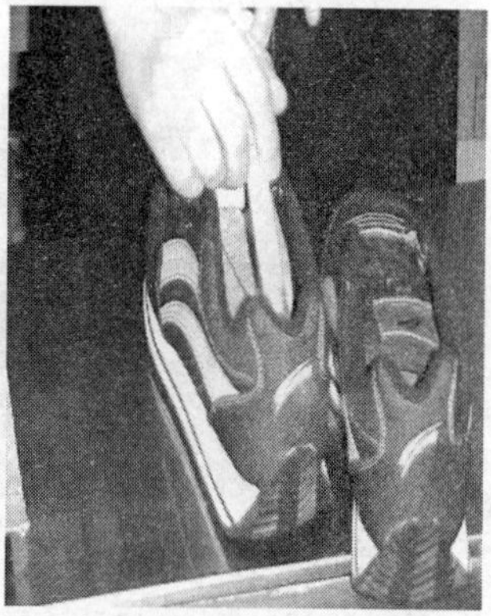

图 5—32　刷衬底胶

使用工具：胶刷（画笔）。

操作说明：

1. 将配双的鞋子翻出鞋舌。

2. 用画笔蘸胶水，在中底板上刷均匀。

3. 配双后放行。

注意事项：

1. 刷胶不要污染鞋面。

2. 鞋子不要错号。

质量标准：胶水应涂抹均匀。

工序 21　上鞋垫（见图 5—33）

使用设备：压衬底机。

操作说明：

1. 将配双的鞋子翻出鞋舌。

2. 对准号码上正确的鞋垫。

3. 经过压衬底机压实。

注意事项：鞋垫不要错号，勿浮起、弯曲。

质量标准：鞋垫号码与鞋子号码一致。

工序 22　烘线头（见图 5—34）

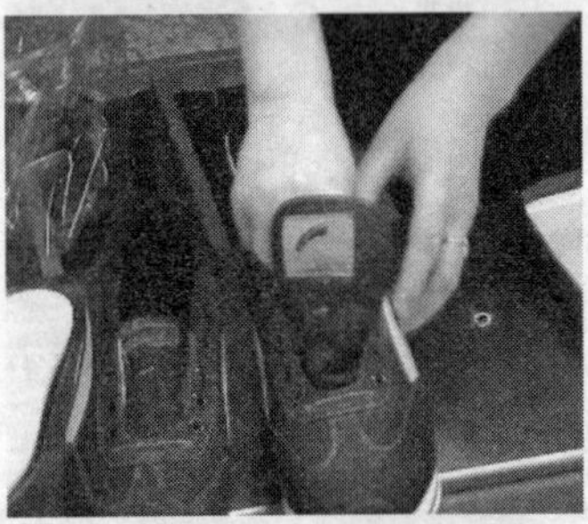

图 5—33　上鞋垫

图 5—34　烘线头

使用设备：烘线机。

操作说明：

1．多余的线头用小剪刀剪断。

2．剩下的线头用烘线机烘掉。

注意事项：烘线头应避免断线，鞋面泛黄。

质量标准：肉眼看时未发现过长的线头。

工序23　绑鞋带

操作说明：

1．将配双的鞋子放好鞋舌。

2．根据顾客的要求，确定鞋带的长度和颜色，绑好鞋带。

3．配双后放行。

注意事项：

1．不要串号绑鞋带。

2．根据顾客的要求，确定鞋带长度。

质量标准：绑完鞋带应使鞋子外观良好。

工序24　检验补胶

使用工具：针筒。

操作说明：

1．检验配双的鞋子补胶与否。

2．确定补胶贴上红标。

3．用针筒打入胶水，待干后压平。

注意事项：

1．每一双鞋子都应检验到位，不要漏验。

2．补胶时不要使胶水污染鞋面。

质量标准：鞋子必须经过检验后方可放行。

工序25　总检（见图5—35）

操作说明：

1．检验配双的鞋子的溢胶、脱胶、清洁度、号码、线头等问题。

2．检验无误后配双放行。

注意事项：

1．检查鞋子的溢胶、脱胶、清洁度、号码、线头等问题。

2．检查后跟高度、前帮高度及前帮后帮有无歪斜。

质量标准：总检是对整双鞋的检验，要认真仔细。

工序 26　清洁大底（见图 5—36）

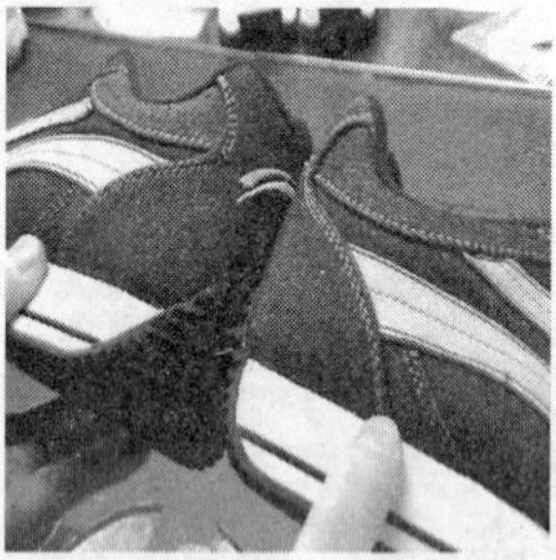

图 5—35　总检

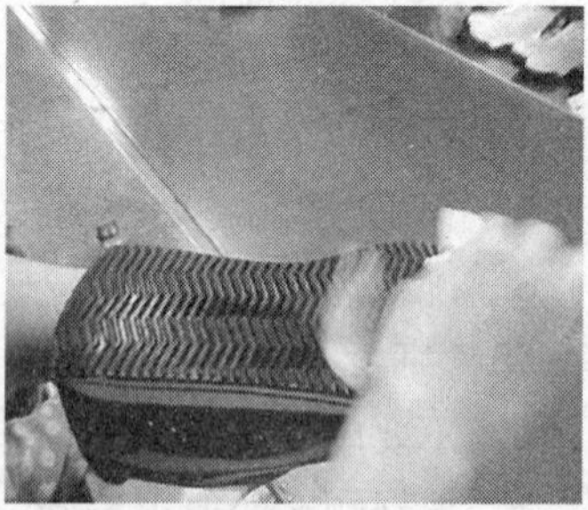

图 5—36　清洁大底

操作说明：

1．将检验后的鞋用药水清洁鞋底。

2．放入鞋盒后放行。

注意事项：鞋底要清洁干净，不要留余胶污渍。

质量标准：鞋底的清洁度与鞋面的清洁度同等重要。

工序 27　挂吊牌、贴标

操作说明：根据顾客的要求，内盒贴上号码标，挂上品牌挂签、价标等。

注意事项：

1．内盒号码标与鞋统一无误。

2．品牌标签、价标等勿掉。

工序 28　包装（见图 5—37）

操作说明：根据顾客的要求，将挂完品牌标签后的鞋放入包装纸、干燥剂（或涂上干燥液），正

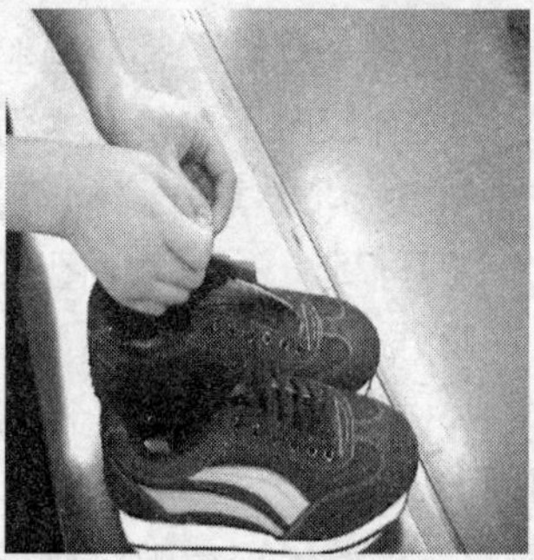

图 5—37　包装

确包装。

注意事项：

1. 内盒号码标与鞋统一无误。

2. 品牌标签、价标等勿掉。

3. 检验鞋的完整性。

质量标准：每一款新鞋在大量生产前先制作一双，交给顾客确认。

实训二　马丁靴成型工艺流程实例

一、实训目的

了解马丁靴成型工艺流程，掌握马丁靴成型工艺。

二、实训内容

工序1　固定中底（见图5—38）

使用工具/材料：美纹纸。

操作说明：左手拿鞋楦，右手拿中底，对准前头贴紧压牢，中底用美纹纸带固定在楦头上。

注意事项：鞋头中底内缩2 mm。

质量标准：中底勿串号、串色，保证完整无破损。

工序2　套港宝（见图5—39）

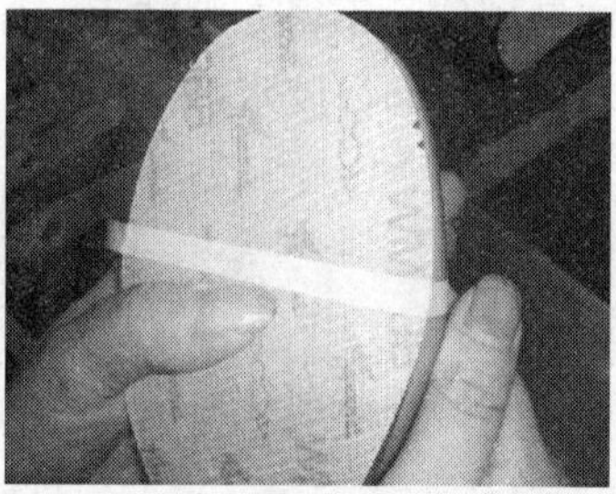

图5—38　固定中底

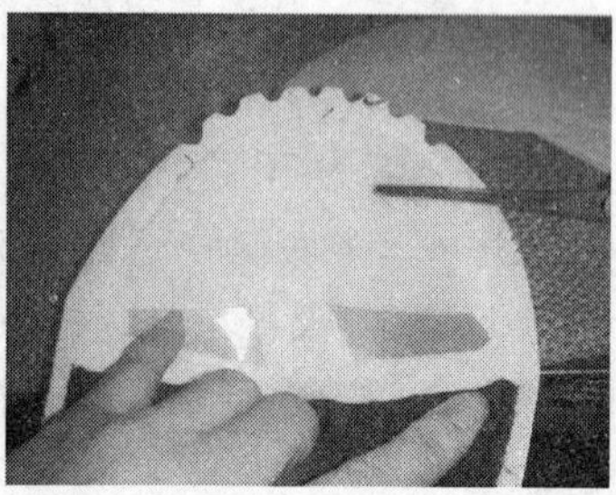

图5—39　套港宝

使用工具：直刷。

操作说明：用左手将内里翻开，右手拿直刷蘸上规定的港宝药水，均匀湿进港宝上层，配双后放行。

注意事项：港宝要刷均匀，内里不要翻破。

质量标准：套港宝不可太湿，港宝过水后应放置 10 s，港宝要套到位。

工序 3　鞋面刷胶（见图 5—40）

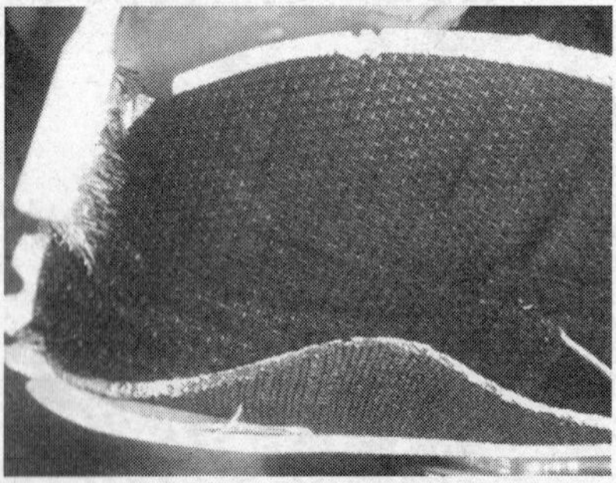

图 5—40　鞋面刷胶

使用工具/设备：胶刷、烤箱。

操作说明：左手拿鞋面（鞋楦或中底），右手拿毛刷，蘸上面糊在鞋面（中底）周围均匀涂胶。

注意事项：鞋面帮脚刷白胶均匀到位，不得弄脏鞋面。

质量标准：上胶平均宽度为 10 ~ 12 mm，胶水必须均匀，经过烤箱时温度为 70℃，时间为 2 min。

工序 4　中底刷胶（见图 5—41）

使用工具/设备：胶刷、烤箱。

操作说明：左手拿鞋楦，右手拿胶刷，从前往后沿中底边缘进行。

注意事项：中底刷白胶均匀到位。

质量标准：经过烤箱时温度为 70℃，时间为 2 min。

工序 5　前帮（见图 5—42）

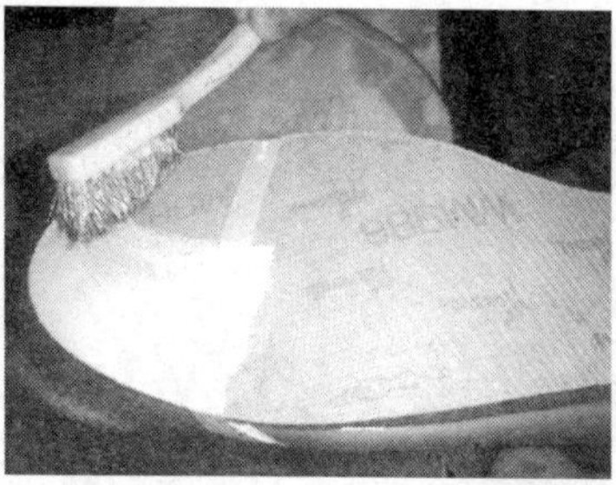

图 5—41　中底刷胶

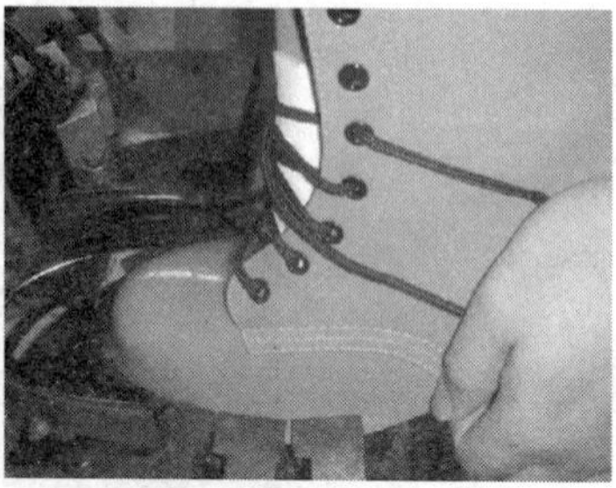

图 5—42　前帮

使用设备：前帮机。

操作说明：

1. 左右手拿鞋面，将鞋头夹在预备器上。

2. 双手合拿鞋楦，将鞋放在下座正中央，踩踏板使绷帮钳夹住鞋头。

3. 检查鞋头是否正直，再踩踏板使固定器下压，插进器后前靠紧后跟，钳帮扫刀合并完成鞋帮。

注意事项：

1. 注意手指安全。

2. 前帮帮脚夹 7 mm，前帮要正，脚背要贴楦，不可花角。

质量标准：

1. 鞋头、后跟、中腹成一条直线。

2. 鞋头不起皱纹。

3. 鞋头大小要一致。

工序 6　腰帮（见图 5—43）

使用工具：绷帮钳。

操作说明：双手将鞋反放在钳帮位置，外腰由左至右操作，内腰由右至左操作。查看中腹是否歪斜，中帮是否结实。

注意事项：

1. 勿打伤手指。

2. 结腰帮前先检查鞋头是否正直。

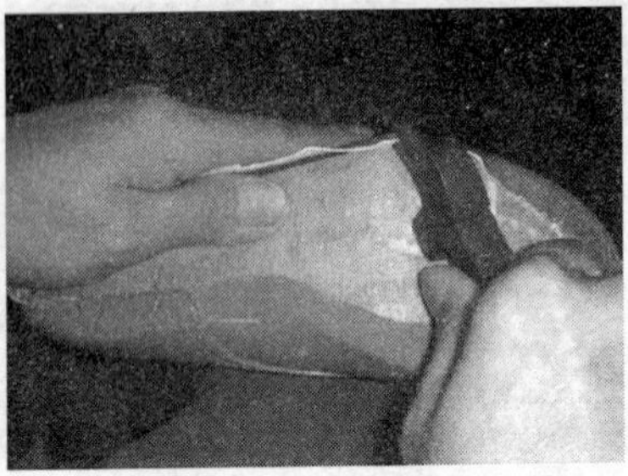

图 5—43 腰帮

质量标准：腰帮两腰顺拉贴楦，内外腰帮脚要一致。

工序 7 品检

操作说明：品检人员需要认真检验每双鞋，参照确认样鞋配双。

注意事项：注意鞋的清洁度与鞋头是否绷歪。

质量标准：鞋头勿绷歪，缝线平顺，清洁度良好。

工序 8 加硫（见图 5—44）

图 5—44 加硫

使用设备：加硫箱。

操作说明：把配双的鞋子放在加硫箱流水线上，鞋子沿着轨道进入加硫箱进行加硫定型。

注意事项：

1. 鞋子要配双。

2. 要将鞋子放稳在加硫箱内。

质量标准：鞋子需要经过真空加硫箱定型，温度为65℃，时间为150秒。

工序9　打粗（见图5—45）

使用设备：打粗机。

操作说明：一手握住楦头，另一手握住后跟，于打粗机转轴相反方向送入鞋底帮脚。

注意事项：注意操作时手部用力不宜太大，注意手指安全。

质量标准：鞋头与后跟帮脚需要打磨平顺，打磨不可太重。

工序10　鞋面洗药水（见图5—46）

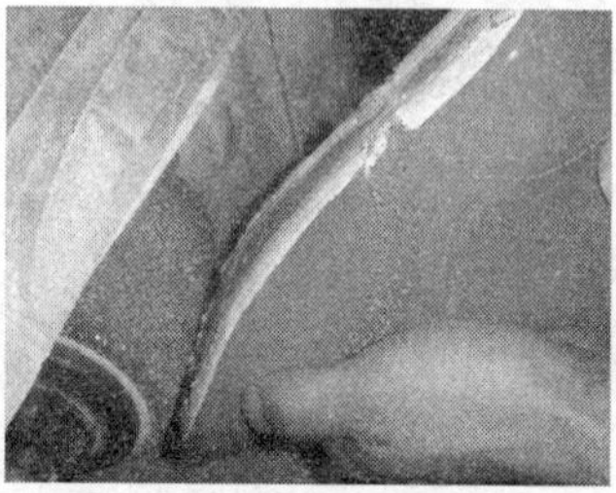

图5—45　打粗

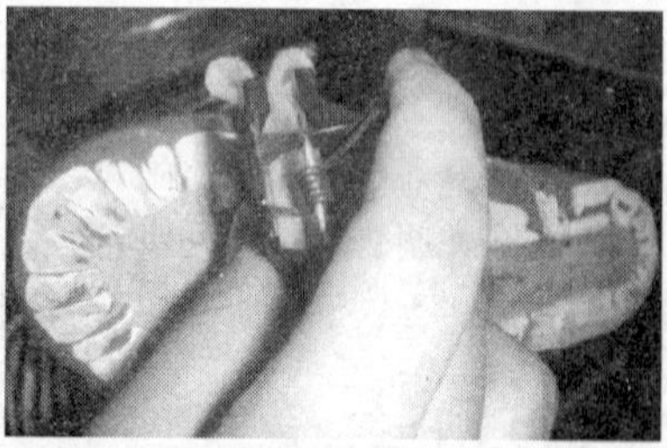

图5—46　鞋面洗药水

使用工具：棉布夹子。

操作说明：左手拿鞋底，用棉布夹子轻蘸处理剂，处理均匀。

注意事项：由于大底材料不同，要分别擦不同处理剂。

质量标准：鞋面按划线位置用药水处理，处理均匀到位，经过烤箱温度为70℃，时间为1 min。

工序11　大底洗药水（见图5—47）

使用工具/设备：刷子、烘干箱。

操作说明：左手正握鞋底，右手拿毛刷轻蘸药水后，先刷鞋头，再刷后跟，最后用毛刷刷中底部分。

注意事项：药水不要污染鞋面。

质量标准：大底用药水处理必须均匀到位，不可溢药水，经过烤箱温度为70℃，时间为1 min。

工序12　鞋面刷胶（见图5—48）

图5—47　大底洗药水

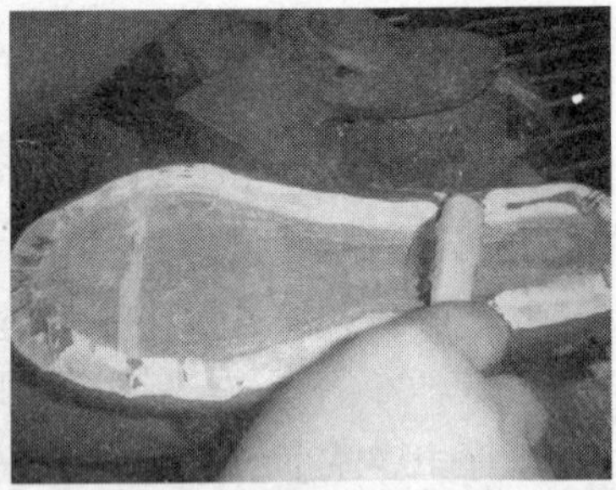

图5—48　鞋面刷胶

使用工具/设备：刷子，烘干箱。

操作说明：左手正握鞋面、鞋底，右手拿毛刷，轻蘸胶水后，先刷鞋头，再刷后跟，最后用毛刷刷中底部分。

注意事项：

1．胶水不要污染鞋面。

2．根据鞋子不同刷一次或二次胶。

质量标准：

1．鞋面刷专用胶，按划线位置刷平顺、均匀，不可溢胶。

2．经过烤箱温度为60℃，时间为4 min。

工序13　大底刷胶（见图5—49）

使用工具/设备：刷子，烘干箱。

操作说明：左手正握鞋底，右手拿毛刷，轻蘸胶水后，先刷鞋头，再刷后跟，最后用毛刷刷中底部分。

注意事项：

1．胶水不要污染鞋底。

2．根据鞋子不同刷一次或二次胶。

质量标准：大底刷专用胶，刷胶均匀到位，不可溢胶，经过烤箱温度为65℃，时间为4 min。

（备注：大底需放钢芯，大底钢芯槽与钢芯要刷胶贴上去）

工序 14　贴底（见图 5—50）

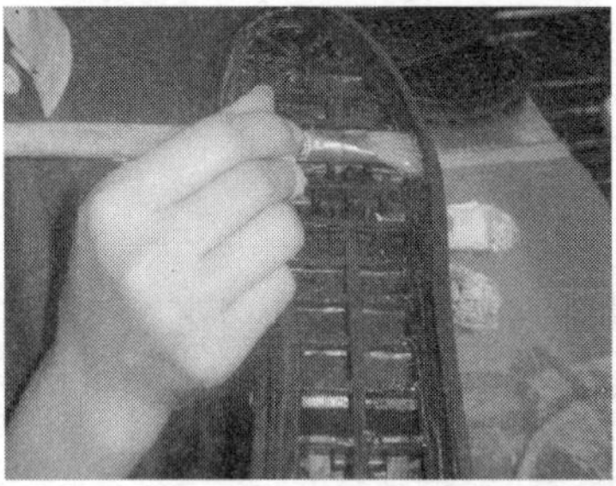

图 5—49　大底刷胶

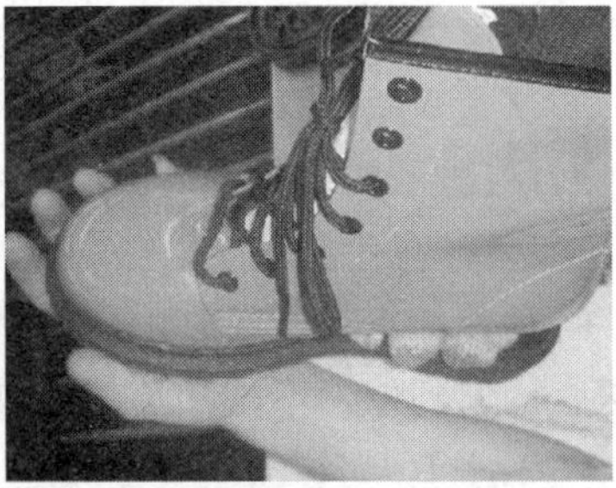

图 5—50　贴底

使用工具：锤子。

操作说明：

1. 左手拿鞋面，鞋头在上，右手拿鞋底。

2. 从鞋头贴起，贴于正中央，不要歪斜。

3. 将鞋子倒向顺外腰，再轻贴后跟部分。

4. 前后贴正确，再贴中腹。

注意事项：贴底按胶线先贴鞋头至前掌，再贴后跟，最后贴两腰。

质量标准：贴底要平顺，不可溢胶。

工序 15　压底（见图 5—51）

图 5—51　压底

使用设备：油压机。

操作说明：启动开关，调整压力、压轴和顶点位置，放置正确的底模。

注意事项：

1. 鞋子要放正确。

2. 注意手指安全。

质量标准：压底放正压底模，鞋子放入压底模时要放到位，压底均匀到位，不可开胶，压力为 300 N，时间为 8 s。

工序 16　冷冻

使用设备：冷冻箱。

操作说明：把配双的鞋子放在冷却机传送带上，鞋子沿着轨道进入冷却箱，进行冷却定型。

注意事项：

1. 鞋子要配双。不要超出轨道定位。

2. 注意冷却箱门的开关规律，避免鞋子卡在门上。

质量标准：鞋子需要经过冷冻箱定型，温度为 0 ~ 3℃，时间为 150 s。

工序 17　脱楦（见图 5—52）

图 5—52　脱楦

使用设备：脱楦机。

操作说明：

1. 打开开关，预备操作。

2. 左手拿住鞋头，右手扶住后跟，将鞋倒放在脱楦机上。

3. 脚踩踏板，慢慢脱楦。

注意事项：

1. 脱楦时不要使面底受损。

2. 脱楦前应先解开鞋带。

质量标准：脱楦需要把鞋带解开，注意鞋子不能变形。

工序 18　整理清洁度

操作说明：后帮要洗干净，把中底边上的美纹胶带撕干净，鞋带按确认样鞋绑好。

注意事项：清洁度要好，无污渍，无线头。

质量标准：鞋子整体整洁。

工序 19　品检

操作说明：

1. 检验配双的鞋子的溢胶、脱胶、清洁度、号码、线头等问题。

2. 检验无误后配双放行。

注意事项：

1. 检查鞋子的溢胶、脱胶、清洁度、号码、线头等问题。

2. 检查后跟高度、前帮高度及前帮后帮有无歪斜。

质量标准：品检人员要认真检验每双鞋，参照确认样鞋配双。

工序 20　塞纸团

操作说明：纸团要塞到位，鞋子不能变形。

注意事项：纸团要柔和，而且大小合适。

质量标准：纸团必须撑起鞋头造型。

工序 21　包装

操作说明：将挂完品牌标签后的鞋，根据顾客的要求，放入包装纸、干燥剂（或涂上干燥液），正确包装。

注意事项：

1. 内盒号码标与鞋统一无误。

2. 品牌标签、价标等勿掉。

3. 检验鞋的完整性。

质量标准：每一款新鞋在大量生产前先制作一双，交给顾客确认。

实训三　凉鞋成型工艺流程实例

一、实训目的

了解凉鞋成型工艺流程，掌握凉鞋成型工艺。

二、实训内容

工序1　固定中底（见图5—53）

使用工具/材料：美纹纸。

操作说明：

1. 左手拿鞋楦，右手拿中底，对准前头贴紧压牢，后跟也对准贴紧压牢。

2. 左手拿中底鞋楦，右手拿海绵刷，在帮脚四周刷胶。

3. 用美纹纸从内侧边缘由鞋头到后腰依次固定。

注意事项：中底勿串号、串色，底完整无破损，中底需要贴正。

质量标准：中底用美纹胶带固定在楦头上，前后对齐，两边不可粘歪。

工序2　鞋鼻定位（见图5—54）

操作说明：前段先按飞机板定位，贴前鼻条补强（用库存PU），再装进鼻面，然后刷上胶水，先贴前鼻帮脚，再拉贴楦。

注意事项：前鼻需要贴服于鞋楦。

质量标准：位置对正。

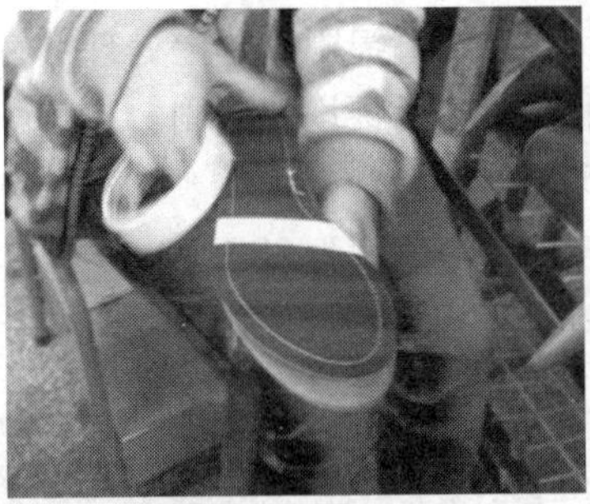

图 5—53　固定中底

图 5—54　鞋鼻定位

工序 3　固定飞机板（见图 5—55）

操作说明：左手拿鞋楦，右手拿飞机板，对准前头贴紧压牢，后跟也对准贴紧压牢。

注意事项：飞机板勿串号、串色，保证完整无破损，需要贴正。

质量标准：飞机板用美纹胶带固定在楦头上，前后对齐，两边不可粘歪。

工序 4　后帮定位（见图 5—56）

操作说明：按要求品检前鼻高，放入楦头，按楦头定位。

注意事项：后帮高度拉至设计高度位置。

质量标准：不可歪斜，紧实包裹楦面。

图 5—55　固定飞机板

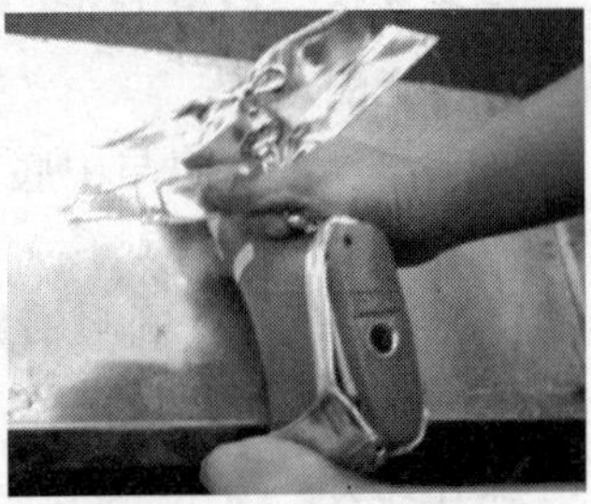

图 5—56　后帮定位

工序5　中底刷处理剂（见图5—57）

操作说明：左手拿中底鞋楦，右手拿海绵刷，蘸上处理剂在中底周围均匀涂刷，从内侧边缘由鞋头到后腰均匀涂刷。

注意事项：处理剂必须涂抹均匀。

质量标准：中底刷处理剂，经过烤箱温度为80℃。

工序6　中底刷胶（见图5—58）

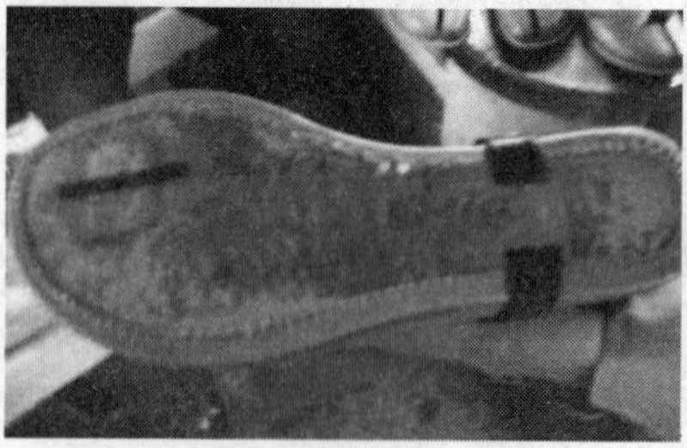

图5—57　中底刷处理剂

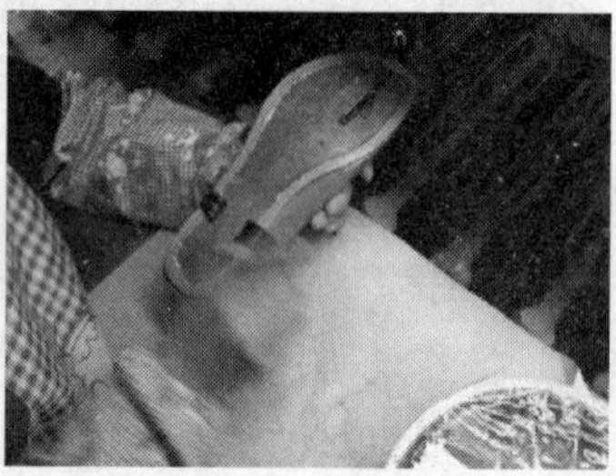

图5—58　中底刷胶

操作说明：左手拿中底鞋楦，右手拿海绵刷，蘸上白胶在中底周围均匀涂胶，从内侧边缘由鞋头到后腰均匀涂胶。

注意事项：胶液必须涂抹均匀。

质量标准：中底刷白胶，经过烤箱温度为80℃。

工序7　加填腹（见图5—59）

操作说明：将填腹刷胶后放在中底内凹处。

注意事项：位置放正，不可偏斜，注意配双。

质量标准：填腹与中底黏合牢固。

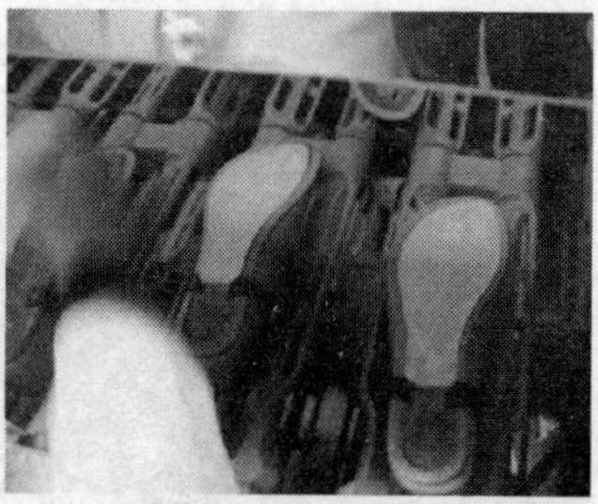

图5—59　加填腹

工序8　大底刷胶、贴合（见图5—60）

操作说明：

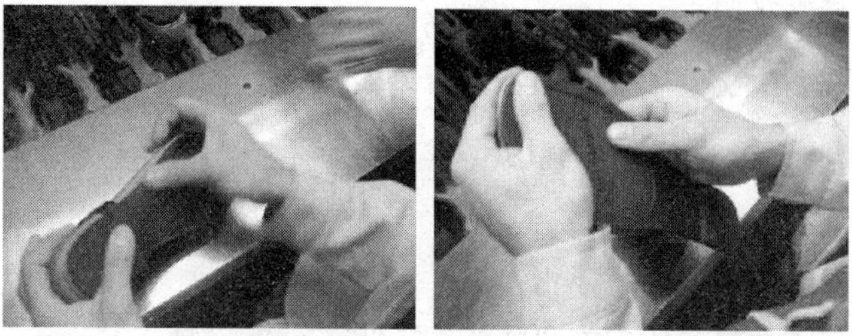

图 5—60　大底刷胶、贴合

1. 大底刷上处理剂，加温（70～80℃）后刷上一次胶水，再刷上二次胶水。

2. 贴底需要贴合端正，无溢胶现象。左手拿鞋面，鞋头在上，右手拿鞋底，从鞋头贴起，贴在正中央，不要歪斜。将鞋倒向顺外腰，再轻贴后跟部分。前后贴正确后，再贴中腹。

注意事项：

1. 鞋面、大底号码应统一，不能露线。

2. 贴底按胶线先贴鞋头，再贴后跟，后贴两腰，胶线要盖住，不可溢胶。

质量标准：贴底要正中，不偏左右，不超前后。

工序 9　压底（见图 5—61）

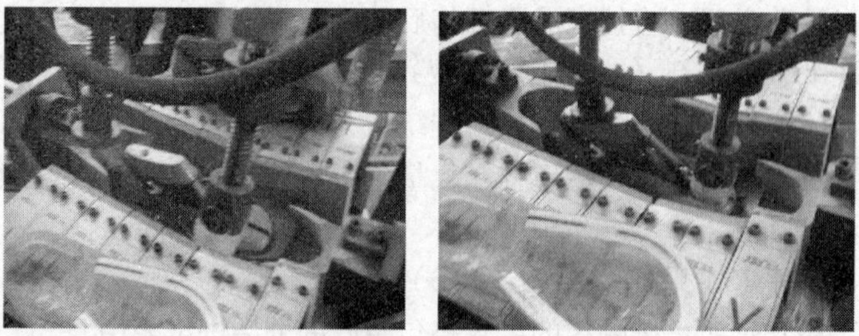

图 5—61　压底

使用设备：油压机。

操作说明：

1. 启动开关，调整压力、压轴和顶点位置，放置正确的底模。

2. 压底前后位置要放正确，调好压力、时间，放正压底模。

注意事项：注意手指安全。压底均匀到位，不可开胶。

质量标准：压力为200 N，时间为5 ~6 s。

工序10　脱楦（见图5—62）

操作说明：左手拿住鞋头，右手扶住后跟，将鞋倒放，慢慢脱楦。

注意事项：脱楦时不要使面底受损。

质量标准：脱楦后再配双放行。

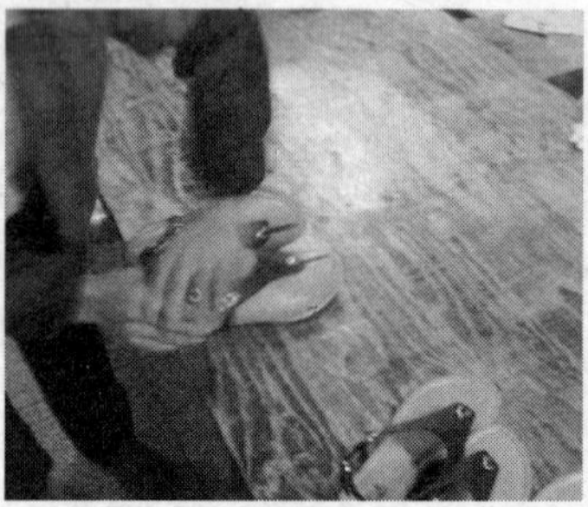

图5—62　脱楦

工序11　整理清洁度

操作说明：配双的鞋检验并整理干净，有溢胶、污渍、线头等需要及时清理。

质量标准：将后帮、鞋面、大底清洗干净。

工序12　包装

操作说明：将挂完品牌标签后的鞋，根据顾客的要求，放入包装纸、干燥剂（或涂上干燥液），正确包装。

注意事项：内盒号码标与鞋统一无误。

质量标准：每一款新鞋在大量生产前先制作一双，交给顾客确认。

工序13　装箱（见图5—63）

操作说明：按顾客的要求将包装好的鞋装进纸箱中。

注意事项：

图 5—63　装箱

1．品牌标签、价标等勿掉。

2．检验鞋的完整性。

质量标准：每一款新鞋在大量生产前先制作一双，交给顾客确认。

实训四　女靴成型工艺流程实例

一、实训目的

了解女靴成型工艺流程，掌握女靴成型工艺。

二、实训内容

工序 1　固定中底（见图 5—64）

操作说明：中底板与楦头固定刷胶。

注意事项：中底勿串号、串色，底完整无破损，中底需要贴正。

质量标准：中底与楦头前后对齐，两边不可粘歪。

工序 2　鞋面刷胶（见图 5—65）

操作说明：帮脚四周刷胶。

注意事项：左手拿鞋面，右手拿毛刷，蘸上胶液，在鞋面周围均匀涂胶。

质量标准：上胶平均宽度为 10 ~ 12 mm，涂抹必须均匀。

工序 3　绷前帮（见图 5—66）

图 5—64　固定中底

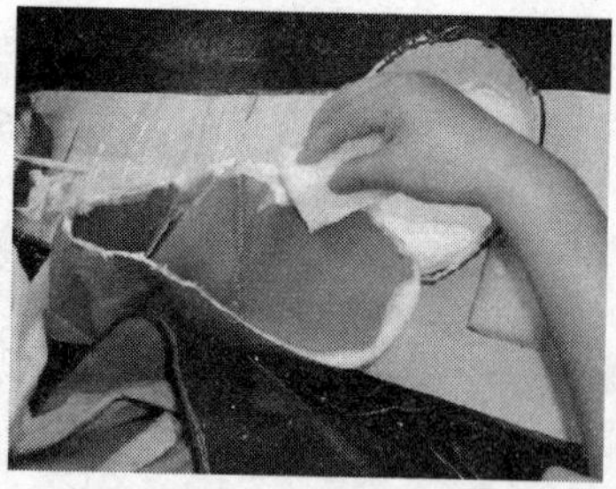

图 5—65　鞋面刷胶

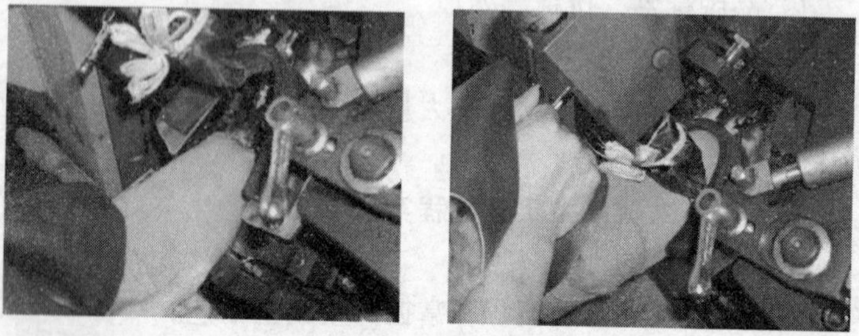

图 5—66　绷前帮

使用设备：前帮机。

操作说明：

1．左右手拿鞋面，将鞋头夹在预备器上。

2．双手合拿鞋楦，将鞋放在下座正中央，踩踏板使绷帮钳夹住鞋头。

3．检查鞋头是否正直，再踩踏板使固定器下压，插进器后前靠紧后跟，钳帮扫刀合并完成鞋帮。

注意事项：

1．鞋面、鞋楦、中底须同号。

2．注意手指安全。

3．依鞋号大小调整前帮机。

质量标准：前帮鞋口要按记号点贴楦，鞋头不可有花角，后跟不能歪斜。

工序4　腰帮（见图5—67）

使用工具：绷帮钳。

操作说明：

1．双手将鞋反放在钳帮位置，外腰由左至右，内腰由右至左操作。

2．查看中腹是否歪斜，中帮是否结实。

注意事项：

1．勿打伤手指。

2．结中帮前先检查鞋头是否正直。

质量标准：腰帮顺拉，不可皱褶。鞋面必须紧贴中底。

工序5　后帮（见图5—68）

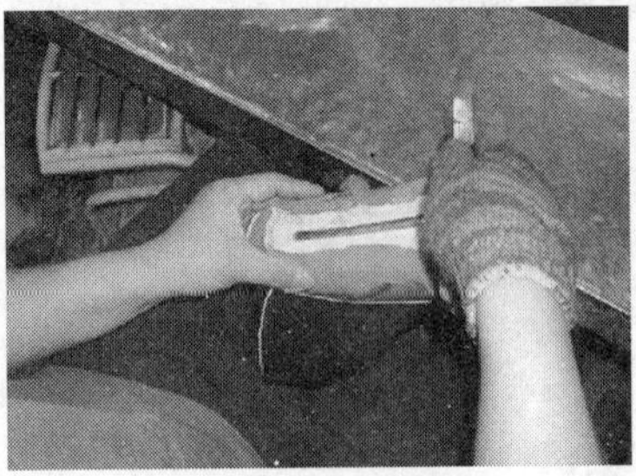

图5—67　腰帮

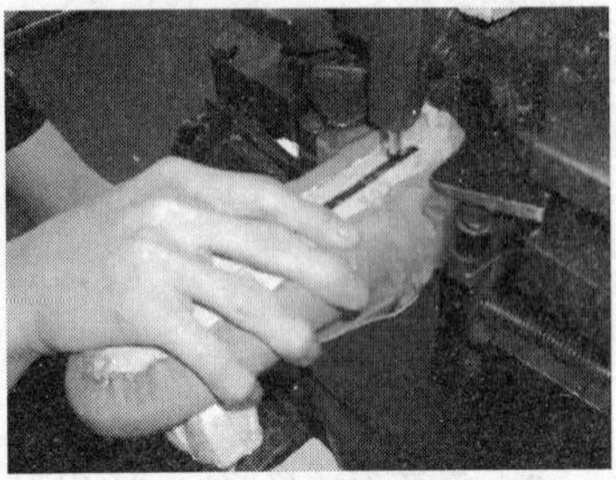

图5—68　后帮

操作说明：

1．将鞋楦反放在后帮机上，调整内里和港宝，使之能适当绷入中底。

2．踩踏板使楦上靠固定，检查中底是否水平，鞋楦是否垂地。

3．踩踏板使后帮机型夹住钳帮扫刀合并，完成作业。

注意事项：

1. 使用前先调整温度。

2. 操作时如发现内里起皱，送回修改。

3. 定型后鞋楦退回，以铁锤将未牢固的部位打平。

质量标准：后帮按楦头定位点攀，不可有花角。

工序 6　插管套版（见图 5—69）

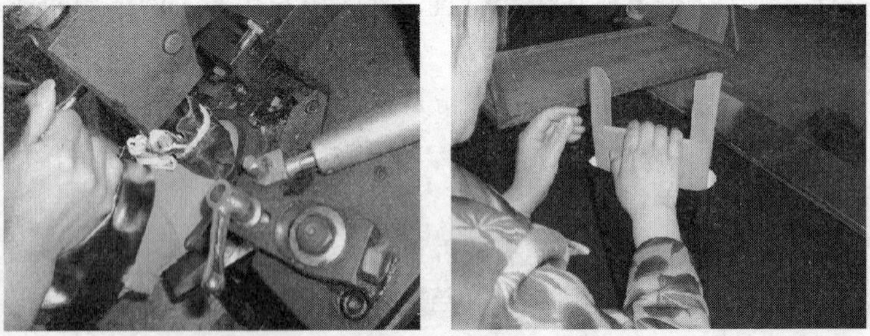

图 5—69　插管套版

操作说明：

1. 启动开关，调整压力、压轴和顶点位置，放置正确。

2. 前后位置要放正确，放正压底模。

注意事项：

1. 注意手指安全。

2. 压面均匀到位，压出鞋头翘度。

质量标准：压楦头的压力为 250 N，时间为 8 s。

工序 7　打粗（见图 5—70）

使用设备：打粗机。

操作说明：一手握住楦头，一手握住后跟，于打粗机转轴相反方向送入鞋底帮脚。

注意事项：操作时手部用力不宜太大，注意手指安全。

质量标准：鞋头帮脚要打粗，要打平顺。

工序 8　鞋面洗药水（见图 5—71）

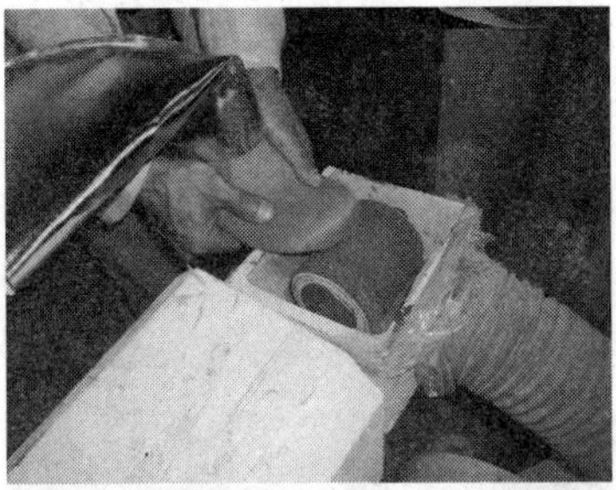

图 5—70　打粗

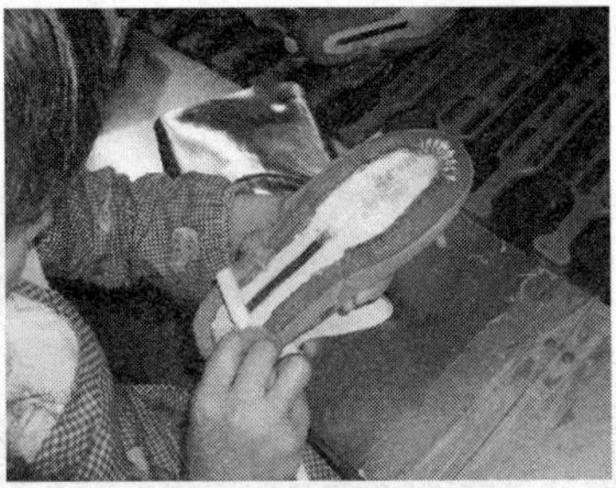

图 5—71　鞋面洗药水

使用工具：刷子。

操作说明：左手拿鞋楦，用刷子轻蘸药水，处理均匀。

注意事项：根据大底材料不同，选择合适的处理剂。

质量标准：帮脚用药水处理，经过烤箱温度为 50℃，时间为 1 min。

工序 9　鞋面刷胶

使用工具：刷子。

操作说明：左手拿鞋楦，右手拿毛刷，蘸上胶水在鞋面帮脚刷处理剂。

注意事项：不得弄脏鞋面。

质量标准：鞋面用药水处理，经过烤箱温度为 65℃，时间为 1 min。

工序 10　贴底后压合（见图 5—72）

使用设备：油压机。

操作说明：

1. 启动油压机开关，调整压力、压轴和顶点位置，放置正确的底模。

2. 前后位置要放正确。调好压力、时间，放正压底模。

注意事项：注意手指安全。压底均匀到位，不可开胶。

质量标准：整个鞋底和鞋面全密合、无空隙，压底压力为250 N，时间为8 s。

工序11　脱楦后整理（见图5—73）

图5—72　贴底后压合

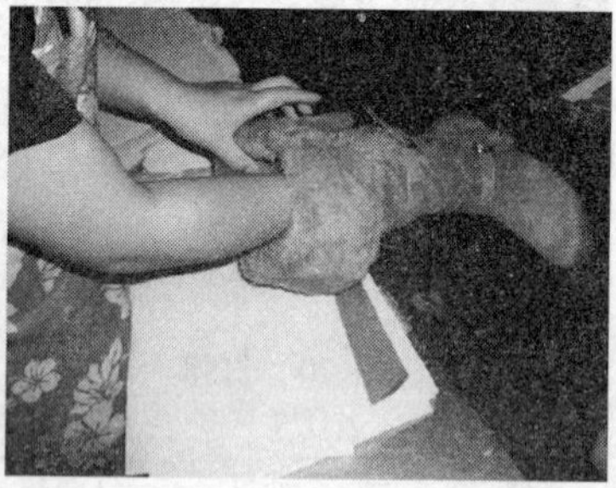

图5—73　脱楦后整理

操作说明：脱楦配双的鞋检验并整理干净，有溢胶、污渍、线头等需要及时清理。

质量标准：将后帮、鞋面、大底清洗干净。

工序12　包装（见图5—74）

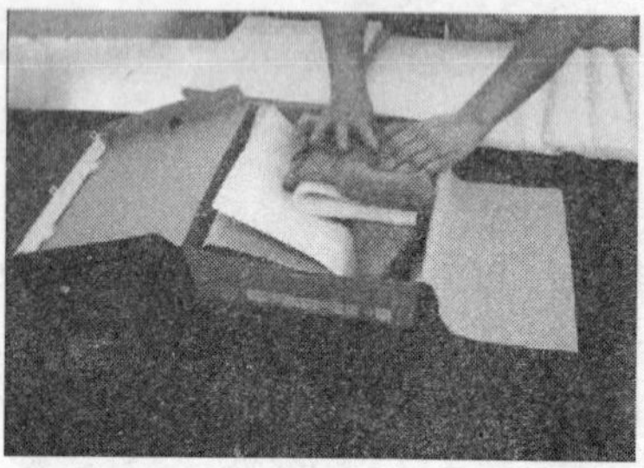

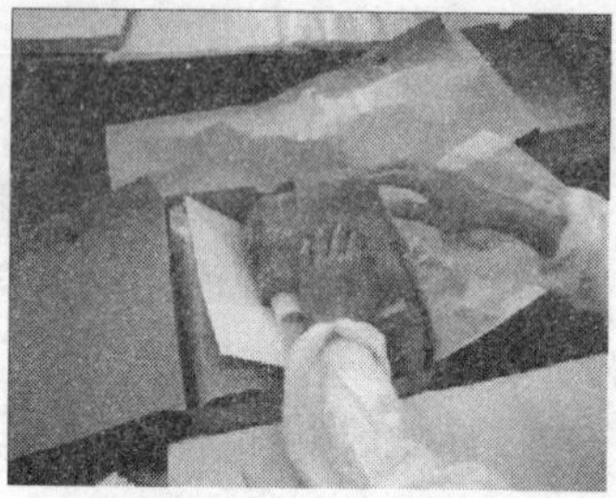

图5—74　包装

操作说明：将挂完品牌标签后的鞋，根据顾客的要求，放入包装纸、干燥剂（或涂上干燥液），正确包装。

注意事项：

1. 内盒号码标与鞋统一无误。

2. 品牌标签、价标等勿掉。

3. 检验鞋的完整性。

质量标准：每一款新鞋在大量生产前先制作一双，交给客户确认。